Jean Jaurès

Études socialistes

essai

ISBN : 978-3-96787-951-3

10 9 8 7 6 5 4 3 2 1

Jean Jaurès

Études socialistes

essai

Table de Matières

Avertissement
DE LA RAISON

Avant qu'on étudie à leur tour ces études, avant qu'on y soit même introduit par l'auteur, il est indispensable que l'on soit averti que l'auteur n'y fait appel qu'à la raison. Cela est indispensable en un temps où la raison a presque autant que jamais des ennemis, qui sont dangereux, où elle a plus que jamais des faux amis, qui sont plus dangereux. On doit nommer ennemis de la raison les déments qui exercent leur démence contre la raison. Et on doit nommer les faux amis de la raison les déments qui veulent que la raison procède par les voies de la déraison.

La raison ne procède pas par la voie de l'autorité. Comme elle n'admet de celui qui enseigne aucune intimidation, chantage ni menace, comme elle ne reçoit aucun exercice de force, aucun excès de pouvoir, aucun pouvoir, commandement, abus ni coup d'État, elle ne suppose de celui qui est enseigné aucune lâcheté. C'est donc trahir la raison, c'est faire déraisonner la raison que de vouloir assurer le triomphe de la raison par les moyens de l'autorité. La raison ne procède pas de l'autorité gouvernementale. C'est donc trahir la raison que de vouloir assurer le triomphe de la raison par des moyens gouvernementaux. C'est manquer à la raison que de vouloir établir un gouvernement de la raison. Il ne peut y avoir, il ne doit y avoir ni ministère, ni préfecture, ni sous-préfecture de la raison, ni consulat ni proconsulat de la raison. La raison ne peut pas, la raison ne doit pas commander au nom d'un gouvernement. Faire ou laisser opérer par un préfet des perquisitions dans la chambre d'une institutrice, quand même le préfet serait un préfet républicain, quand même l'institutrice ne serait pas une institutrice républicaine, ce n'est pas attenter à la liberté seulement, c'est attenter à la raison. La raison ne demande pas, la raison ne veut pas, la raison n'accepte pas qu'on la défende ou qu'on la soutienne ou qu'on agisse en son nom par les moyens de l'autorité gouvernementale. En aucun sens la raison n'est la raison d'État. Toute raison d'État est une usurpation déloyale de l'autorité sur la raison, une contrefaçon, une malfaçon.

En particulier la raison ne procède pas de l'autorité militaire. Elle ignore totalement l'obéissance passive. C'est trahir la raison que de vouloir assurer la victoire de la raison par la discipline qui fait la force principale des armées. C'est faire déraisonner la raison que de l'enseigner par les moyens militaires. La raison ne demande pas, n'accepte pas l'obéissance. On ne commande pas au nom de la raison comme on commande à la manœuvre. Il n'y a aucune armée de la raison, aucuns soldats de la raison, et surtout il n'y a aucuns chefs de la raison. Il n'y a même, à parler proprement, aucune guerre de la raison, aucune campagne, aucune expédition. La raison ne fait pas la guerre à la déraison. Elle réduit tant qu'elle peut la déraison par des moyens qui ne sont pas les moyens de la guerre, puisqu'ils sont les moyens de la raison. La raison ne donne pas des assauts ; elle ne forme pas des colonnes d'attaque; elle n'enlève pas des positions; elle ne force pas des passages; elle ne fait pas des entrées soleimelles ; ni elle ne couche comme le vainqueur militaire sur le champ de bataille.

La raison ne procède pas de l'autorité religieuse. Il fallait une insanité inouïe pour oser instituer le culte de la déesse Raison. Et si l'on peut excuser une insanité dans un temps d'affolement, déclarons-le haut : la froide répétition politique de cette insanité, la commémoration concertée de cette insanité constitue l'indice le plus grave d'incohérence ou de démence, de déraison. Non la raison ne procède pas par la voie du culte. Non la raison ne veut pas d'autels. Non la raison ne veut pas de prières. Non la raison ne veut pas de prêtres. C'est trahir le plus gravement la raison, c'est faire déraisonner le plus gravement la raison que de la déguiser en déesse, en cabotinage et musique ; c'est la trahir que de lui fabriquer des fêtes religieuses, des imitations en simili-culte, avec tout ce qu'il faut. Et même l'admirable prière que Renan fit sur l'Acropole après qu'il fut parvenu à en comprendre la parfaite beauté n'a plus aucun sens, lue ou déclamée sur les planches devant la foule inépuisablement trompée.

Déclarons-le sans peur. Et sachons nous faire les ennemis qui voudront. La raison ne veut aucune Église. Il ne peut pas, il ne doit pas y avoir une Église de la raison. Les pratiques cérémonielles, cultuelles et rituelles sont totalement étrangères à l'honnêteté de la raison. Les pratiques surhumaines, religieuses, infernales ou divines, inhumaines, sont totalement étrangères à l'humanité de la raison. La raison est honnête homme. Il n'y a pas un clergé de la raison. Nous n'avons pas renoncé, nous n'avons pas dénoncé les religions d'hier pour annoncer la religion de demain, pour prêcher quelque religion nouvelle. Nous sommes irréligieux de toutes les religions. Nous sommes athées de tous les dieux. Dans le douloureux débat de la raison et de la foi nous n'avons pas laissé la foi pour la foi dans la raison, mais pour la raison de la raison. La raison n'admet ni prophéties ni déclamations ni proclamations, — ni dogmes ni décrets des conciles ni brefs des papes. Et c'est tromper lamentablement le peuple perpétuel que de lui présenter les vérités de la raison sur le même ton et comme on lui annonçait les vérités prétendues révélées.

La raison ne procède pas de l'autorité parlementaire. Elle ne tient ni de ces longues assemblées, que nous nommons parlements, ni de ces assemblées courtes, que nous nommons congrès. La raison n'a ni président, ni assesseurs, ni secrétaire, ni aucun bureau. Elle manque souvent de sténographes. Elle n'a pas toujours un procès-verbal, un compte rendu. Elle ne constitue aucun comité directeur. Elle ne procède pas par votation. Elle n'est pas soumise à la loi de majorité. Elle n'est pas proportionnelle au nombre. Beaucoup peuvent se tromper. Il se peut qu'un seul ait raison. Même il se peut que pas un n'ait raison. La raison ne varie pas avec le nombre. Elle ne flatte pas plus les foules qu'ellene flattait les grands. Elle ne flatte pas plus les peuples qu'elle ne flattait les rois. Elle ne flatte pas plus les démocraties qu'elle ne flattait les monarchies ou les oligarchies. Nous savons qu'il y a eu dans le passé de longs temps et de vastes régions où la raison ne résidait qu'en des minorités, en des unités. Même il y a eu des nations où la raison ne résidait pas. Elle peut s'absenter aujourd'hui encore.

La raison ne procède pas de l'autorité démagogique. Ameuter les masses, lancer les foules est un exercice d'autorité non moins étranger à la raison que d'amasser quelque majorité, de lancer quelque régiment. Nous sommes aujourd'hui sous le gouvernement de la démagogie beaucoup plus que sous le gouvernement de la démocratie. Les tribuns, les avocats et les journalistes nous gouvernent lourdement. Libre de la monarchie, de l'oligarchie et de la démocratie, gouvernements réguliers, la raison est libre aussi de la démagogie, gouvernement de fait. Elle n'est pas plus soumise aux nouveaux courtisans qu'elle n'était soumise aux anciens. Ni les manifestations de la rue ni les manifestations des meetings ne valent au regard de la raison. La raisonne monte sur aucuns tréteaux. Les mouvements des masses ne pèsent pas plus que les révolutions de palais. Le peuple abusé ne peut pas faire que la raison ne soit pas la raison, et que la déraison devienne la raison. La foule abusée ne peut pas plus que ne pouvait le monarque abusé. Le peuple n'est pas souverain de la raison.

La raison ne procède pas de l'autorité manuelle. Autant il est vrai que la raison n'exerce aucune autorité, autant il est vrai que le gouvernement des intellectuels serait le plus insupportable des gouvernements, — autant il est réciproquement vrai que la raison, qui n'accepte aucune autorité, qui ne subit aucun gouvernement, n'accepte pas une autorité manuelle, ne subit pas un gouvernement manuel. C'est fausser la raison que d'imaginer, comme l'a rêvé Renan, un gouvernement spirituel de la terre habitée, un gouvernement des intellectuels omnipotent. Une république de cuistres ne serait pas moins inhabitable qu'une république de moines. Si on la laissait se former, une caste intellectuelle serait plus agaçante et pèserait plus lourd sur le monde que toute caste. Mais c'est aussi manquer à la raison que d'ameuter contre les intellectuels sérieux les autorités grossières des travailleurs manuels mal renseignés. La justice, la raison, la bonne administration du travail demandent que les intellectuels ne soient ni gouvernants ni gouvernés. Qu'ils soient modestement libres, comme tout le monde.

Dans la société présente, où le jeu de la spécialisation s'est outré automatiquement, les fonctions intellectuelles et les fonctions manuelles ne sont presque jamais attribuées aux mêmes ouvriers ; les ouvriers intellectuels délaissent presque tout le travail des mains ; les ouvriers manuels délaissent presque tout travail de l'esprit, presque tout exercice de la raison. Dans la cité harmonieuse, dont nous préparons la naissance et la vie, les fonctions intellectuelles et les fonctions manuelles se partageront harmonieusement les mêmes hommes. Et la relation de l'intellectuel au manuel, au lieu de s'établir péniblement d'un individu à l'autre, s'établira librement au cœur du même homme. Le problème sera transposé. Car nous n'avons jamais dit que nous supprimerions les problèmes humains. Nous voulons seulement, et nous espérons les transporter du terrain bourgeois, où ils ne peuvent recevoir que des solutions ingrates, sur le terrain humain, libre enfin des servitudes économiques. Nous laissons les miracles aux praticiens des anciennes et des nouvelles Églises. Nous ne promettons pas un Paradis. Nous préparons une humanité libérée.

Les chefs audacieux et les foules blasées, les meneurs menés, les candidats et les électeurs trouveront sans doute que ce programme est insuffisant. Mais nous savons par l'histoire de l'humanité, par l'histoire des sciences, des arts, de la philosophie, qu'un changement de plan est un événement, une opération considérable. Dans tous les genres de travail deux progrès sont ouverts. On peut d'abord avancer par évolution en continuant dans le même sens. Mais il vient presque toujours un moment où le travailleur a l'impression que le sens est épuisé : aucune application, aucune insistance ne peut plus tirer du réel ce que le réel n'a plus dans le sens commencé. Des vies entières consommées dans un travail ingrat ne rendraient plus ce qu'elles coûteraient. Alors intervient la révolution. Vu d'ailleurs, attaqué d'ailleurs, le réel recommence brusquement à couler à pleins bords. Et pourtant le réel est le même qu'il était. Mais il n'est plus vu du même regard, il n'est plus vu le même, il n'est plus connu le même. C'est ainsi que nous sommes révolutionnaires. Nous voulons que la même humanité se donne la liberté nouvelle.

Nous ne méprisons pas les humanités passées, nous n'avons ni cet orgueil, ni cette vanité, ni cette insolence, ni cette imbécillité, cette faiblesse. Nous ne méprisons pas ce qu'a d'humain l'humanité présente. Au contraire nous voulons conserver ce qu'avaient d'humain les anciennes humanités. Nous voulons sauver ce qu'a d'humain l'humanité présente. Nous évitons surtout de faire à l'humanité présente la plus grave injure, qui est de la vouloir dresser. Nous n'avons pas la présomption d'imaginer, d'inventer, de fabriquer une humanité nouvelle. Nous n'avons ni plan ni devis. Nous voulons libérer l'humanité des servitudes économiques. Libérée, libre, l'humanité vivra librement. Libre de nous et de tous ceux qui l'auront libérée. Ce serait commettre la prévarication maxima, le détournement le plus grave que d'utiliser la libération pour asservir les libérés sous la mentalité des libérateurs. Ce serait tendre à l'humanité comme un guet-apens universel que de lui présenter la libération pour l'attirer dans une philosophie, quand même cette philosophie serait étiquetée philosophie de la raison.

Attacher au socialisme un système, lier au socialisme, fût-ce au nom de la raison, un système de science, ou d'art, ou de philosophie, c'est littéralement commettre un abus de confiance envers l'humanité. Attirer l'humanité vers sa libération pour la précipiter dans un système, c'est commettre au nom de la raison la malversation que l'Église a commise au nom de la foi. C'est vendre à l'humanité ce que nous devons lui donner. C'est vendre un objet que nous ne devons pas laisser tomber dans le commerce économique. Par une libérationc'est introduire à un asservissement. Disons plus : vendre à l'humanité sa libération économique pour l'établissement d'un système, ce n'est pas seulement tromper et voler l'humanité, ce n'est pas seulement trahir l'humanité, ce n'est pas seulement vendre l'invendable, ce n'est pas seulement laïciser la malversation de l'Église, recommencer en laïque la prévarication de l'Église, qui vend aux pauvres le pain pour le billet de confession, pour la respectable prière et pour la sainte communion, c'est commettre le crime le plus grave pour un socialiste : c'est monnayer à son avantage la servitude économique même.

Attacher au socialisme libérateur une augmentation de système pour que ça passe avec n'est pas seulement une opération inélégante, laide, mufle, de mauvais ton, de mauvaise tenue, de mauvaise culture, de mauvais goût, de mauvaise allure ; ce n'est pas seulement une opération immorale, injuste, perverse, inverse, et de mauvaise administration ; c'est une opération proprement, particulièrement contraire au socialisme. L'idéalisme ou le matérialisme, l'idéaliste ou le matérialiste, le déterministe ou le libéraliste qui feraient du socialisme avec l'arrière-pensée plus ou moins confuse que leur système en soit avantagé ne joueraient pas seulement un jeu laidement déloyal, mais leur jeu serait un perpétuel reniement du socialisme ; ils ne joueraient pas seulement faux, ils joueraient bourgeois. Utilisant à leurs fins intéressées le désir, le besoin, la passion de libération économique, ils utiliseraient en effet, au second degré, l'asservissement précédent, la servitude même à laquelle on veut échapper. Ils n'exerceraient pas seulement un chantage, mais ils exerceraient précisément le chantage économique, vice propre de la société bourgeoise, du régime bourgeois.

Nous n’avons pas plus à vendre la terre que les chrétiens n’avaient à vendre le ciel. Nous n’avons pas à laïciser les marchandages des clercs. Bien loin que le socialisme repose officiellement sur un système d’art ou de science ou de philosophie, loin qu’il tende à l’établissement, à la glorification d’un système, loin qu’il soit matérialiste ou idéaliste, athéiste ou théiste, au contraire le socialisme est ce qui laissera l’humanité libérée libre enfin de travailler, d’étudier, de penser librement. C’est l’effet d’une singulière inintelligence que de s’imaginer que la révolution sociale serait une conclusion, une fermeture de l’humanité dans la fade béatitude des quiétudes mortes. C’est l’effet d’une ambition naïve et mauvaise, idiote et sournoise que de vouloir clore l’humanité par la révolution sociale. Faire un cloître de l’humanité serait l’effet de la plus redoutable survivance religieuse. Loin que le socialisme soit définitif, il est préliminaire, préalable, nécessaire, indispensable mais non suffisant. Il est avant le seuil. Il n’est pas la fin de l’humanité, il n’en est pas même le commencement. Il est, selon nous, avant le commencement. Avant le commencement sera le Verbe.

Il ne faut pas que les idées soient arrivistes ni qu’on les fasse passer en contrebande. Il ne faut pas qu’elles soient parasitaires, qu’elles s’attachent au socialisme ainsi que de malheureux jeunes gens deviennent les secrétaires des hommes influents. L’écœurement que nous avons des petits ambitieux qui se veulent pousser dans les emplois du socialisme ministériel et dans les identiques emplois du socialisme antiministériel, nous l’aurons des systèmes qui voudraient arriver par le socialisme et dans le socialisme. Enfin c’est un insupportable abus de l’autorité paternelle que de vouloir imposer aux générations neuves les radotages des générations fatiguées, vieilles, que nous sommes. Justement parce que nous les aurons libérées, elles sauront beaucoup mieux que nous ce qu’elles auront à penser. La raison ne procède pas de l’autorité paternelle. Ne faisons pas au nom de la raison des vœux perpétuels pour nous-mêmes. Et n’en faisons pas pour les perpétuelles générations. Laissons l’humanité tranquille. Une révolution qui entend nous débarrasser des intérêts doit être absolument désintéressée.

Réciproquement c’est trahir la raison, comme on trahissait le socialisme, que d’introduire dans les débats de la raison des poids additionnels. Dans le débat des systèmes rationnels, ajouter à certains systèmes, au matérialisme, à l'athéisme, le surpoids des volontés socialistes, leur infuser la sève et le sang des passions révolutionnaires, c'est fausser le jeu de l'action par des interventions étrangères à l'action ; mais réciproquement c'est fausser le jeu de la raison par des interventions étrangères à la raison. C'est procurer à certains systèmes une importance démesurée dans l'histoire de la pensée. La raison ne procède pas de l'autorité socialiste, en supposant qu'il y ait une autorité socialiste. La raison ne procède pas de l'autorité révolutionnaire, en admettant que les jacobins aient vraiment institué une autorité révolutionnaire. La raison ne dépend pas plus des masses révolutionnaires que des masses réactionnaires ou des masses inertes. Elle ne dépend d'aucunes forces. Elle ne dépend pas plus des armées révolutionnaires que des armées militaires. Elle ne dépend pas des masses populaires. Elle ne dépend pas de l'autorité manuelle.

C'est trahir la raison et c'est trahir le peuple que de vouloir établir sur le peuple un gouvernement, un commandement, une autorité de la raison. Mais c'est trahir aussi la raison et c'est trahir aussi le peuple que de vouloir établir sur la raison, par la démagogie ou par la pédagogie, un gouvernement, un commandement, une autorité des ouvriers manuels. Entendons-nous : les ouvriers manuels, parce qu'ils sont des hommes, et qu'ils ont leur part de la raison commune, ont le droit et le devoir de penser dans la mesure de leur compétence. Mais c'est un des modes les plus dangereux de la démagogie que de masquer au peuple ses incompétences inévitables, provisoires, mais provisoirement inévitables. Dénoncer au peuple des ouvriers manuels un ouvrage de philosophie parce qu'il se vend sept cinquante chez Alcan, dénoncer au peuple un ouvrage de métaphysique parce qu'il y a quinze fois le mot Dieu à la page 28 et quatre-vingt-douze fois le mot Dieu à la page 31, dénoncer au peuple cet ouvrage comme entaché de cléricalisme, je dis que c'est du jésuitisme, et je dis que c'est de l'Inquisition.

C'est du jésuitisme et c'est de la duplicité, car le journal a deux clientèles, deux régions. Si le journal n'était lu que par des intellectuels, une inculpation de cléricalisme intentée à une thèse de philosophie, — échafaudée sur ce que le mot Dieu y paraît, ne serait pas dangereuse, parce que le lecteur, avisé, y reconnaîtrait un amusement. Un amusement d'un goût douteux, assez pervers, mais un amusement enfin. Si le journal n'était lu que par des ouvriers manuels, si l'auteur de l'accusation était lui-même un manuel, cette accusation serait dangereuse, mais elle serait sincère. Ce qui fait la duplicité, c'est qu'un auteur intellectuel délibérément jette cette accusation devant un double public. L'auteur, intellectuel, sait ce que c'est que la métaphysique et la théodicée. L'auteur ne peut pas croire que son accusation existe. Et parce qu'il a du talent l'accusation insidieuse est énoncée en termes attentivement violents. Les intellectuels verront bien que c'est une bonne blague et ne mépriseront pas le journaliste comme ignorant. Les ouvriers manuels prendront pour argent comptant. La réputation littéraire sera sauve auprès des premiers, la réputation morale sera sauve auprès des seconds.

Je ne crois pas que rien soit aussi dangereux pour le peuple et pour la raison que ces malentendus à double malentente. M. le marquis de Rochefort y excellait. Il savait admirablement inventer la calomnie qui ferait sourire les gens d'esprit et qui soulèverait l'émotion du peuple. Faire la calomnie assez grosse pour que sa grosseur même avertisse les gens avertis qu'on est averti soi-même ; et utiliser cette même grosseur pour soulever une grosse émotion du peuple : c'est à ce double jeu que M. de Rochefort était un joueur que l'on croyait inimitable. De toutes les solutions que l'on peut imaginer au problème intellectuel-manuel, celle-ci est la plus injurieuse à la fois pour les intellectuels et pour les manuels, car elle suppose que les intellectuels sont si sensibles aux plaisirs douteux d'un amusement pervers qu'ils en oublient les plus simples éléments de la moralité commune, et elle suppose que les ouvriers manuels sont si empressés d'indignation grossière qu'ils ne se renseignent jamais sur le bien fondé, sur la vérité, sur la justice des réquisitoires que des procureurs de complaisance, que des avocats-généraux de journalisme leur jettent.

Ce n'est pas cette solution injurieuse, douteuse, double, que nous acceptons. En attendant que par le changement préliminaire de plan qui nous paraît capital dans la future, dans la prochaine histoire de l'humanité, la santé du travail manuel avec la santé du travail intellectuel soit dévolue à tous les hommes, en attendant que la relation du manuel à l'intellectuel se pose librement en tout homme, puisque dans la société présente les répartitions sont faites entre individus et non entre élaborations du même individu, de la même personne, du même homme, puisque le travail manuel et le travail intellectuel sont distribués à des individus différents, sans communication normale, puisque, sauf exceptions, peu nombreuses, les uns ne travaillent guère que de leurs mains, et les autres de la raison, notre solution sera la simple solution de la liberté professionnelle. Pour la même raison que les boulangers ne font pas les maisons, et que les laboureurs ne font pas les habits, pour la même raison les ouvriers manuels, boulangers et maçons, moissonneurs, tisseurs et tailleurs n'ont à faire ni à défaire les thèses de philosophie.

Exactement comme on n'admet pas l'autorité professionnelle de l'ouvrier manuel sur l'ouvrier manuel dans des corps de métier différents, exactement ainsi on ne doit admettre aucune autorité professionnelle de l'ouvrier manuel sur l'ouvrier intellectuel. Comme les boulangers sont ignorants de la bâtisse et les moissonneurs de la taille et du tissage, exactement ainsi les boulangers et les maçons, les moissonneurs et les tisseurs, comme tels, sont ignorants de la théodicée. On peut la leur enseigner, s'il y a des raisons pour qu'on la leur enseigne. On peut ne pas la leur enseigner, s'il y a des empêchements ou des raisons contraires. Mais c'est les flatter bassement que de leur dénoncer par des accusations politiques un travail où ils n'ont pas encore acquis la compétence. Déclarons-le hautement : un professeur de philosophie peut et doit faire de la théodicée quand et comme la raison le demande. Et il n'est responsable et comptable de sa théodicée que devant la raison, devant la raison raisonnante, devant la raison en travail, devant la raison critique.

Ne fondons pas, ne laissons pas fonder une religion de la raison. Nous avons renoncé une religion qui nous commandait de faire maigre le vendredi saint ; ne fondons pas une religion qui nous forcerait à faire gras ce même jour. Nous avons renoncé une religion qui nous commandait de croire en un Dieu personnel, en trois personnes, souverainement bon, souverainement aimable,tout-puissant, créateur du ciel et de la terre, et souverain seigneur de toutes choses ; ne fondons pas une religion qui nous interdirait de prononcer même un nom dont le moins que l'on puisse dire est qu'il a eu quelque fortune dans l'histoire de l'humanité. La raison ne procède pas de l'autorité presbytérale. Une religion de la raison cumulerait tous les vices religieux avec tous les envers des vertus rationnelles. Ce serait un cumul rare, singulier, culminant, unique de vices communément inconciliables, habituellement séparés, logiquement contradictoires. Ce serait comme une gageure de cumulation. Un catéchisme est insupportable. Mais un catéchisme de la raison tiendrait en ses pages la plus effroyable tyrannie. A la fois parodie et texte.

La raison ne procède pas plus des autorités officieuses que des autorités officielles. Ni le publiciste, ni le journaliste, ni le tribun, ni l'orateur, ni le conférencier ne sont aujourd'hui de simples citoyens. Le journaliste qui a trente ou cinquante ou quatre-vingts milliers de lecteurs, le conférencier qui a régulièrement douze ou quinze cents spectateurs exercent en effet, comme le ministre, comme le député, une autorité gouvernementale. On conduit aujourd'hui les lecteurs comme on n'a pas cessé de conduire les électeurs. La presse constitue un quatrième pouvoir. Beaucoup de journalistes, qui blâment avec raison la faiblesse des mœurs parlementaires, feraient bien de se retourner sur soi-même et de considérer que les salles de rédaction se tiennent comme les Parlements. Il y a au moins autant de démagogie parlementaire dans les journaux que dans les assemblées. Il se dépense autant d'autorité dans uncomité de rédaction que dans un conseil des ministres ; et autant de faiblesse démagogique. Les journalistes écrivent comme les députés parlent. Un rédacteur en chef est un président du conseil, aussi autoritaire, aussi faible. Il y a moins de libéraux parmi les journalistes que parmi les sénateurs.

C'est le jeu ordinaire des journalistes que d'ameuter toutes les libertés, toutes les licences, toutes les révoltes, et en effet toutes les autorités, le plus souvent contradictoires, contre les autorités gouvernementales officielles. — Nous simples citoyens, vont-ils répétant. Ils veulent ainsi cumuler tous les privilèges de l'autorité avec tous les droits de la liberté. Mais le véritable libertaire sait apercevoir l'autorité partout où elle sévit ; et nulle part elle n'est aussi dangereuse que là où elle revêt les aspects de la liberté. Le véritable libertaire sait qu'il y a vraiment un gouvernement des journaux et des meetings, une autorité des journalistes et des orateurs populaires comme il y a un gouvernement des bureaux et des assemblées, une autorité des ministres et des orateurs parlementaires. Le véritable libertaire se gare des gouvernements officieux autant que des gouvernements officiels. Car la popularité aussi est une forme de gouvernement, et non des moins dangereuses. La raison ne se fait pas de clientèle. Un journaliste qui joue avec les ministères et qui arguë du simple citoyen n'est pas recevable. Cela aussi est double, et cela est trop commode.

Quand un journaliste exerce dans son domaine un gouvernement de fait, quand il a une armée de lecteurs fidèles, quand il entraîne ces lecteurs par la véhémence, l'audace, l'ascendant, moyens militaires, par le talent, moyen vulgaire, par le mensonge, moyen politique, et ainsi quand le journaliste est devenu vraiment une puissance dans l'État, quand il a des lecteurs exactement comme un député a des électeurs, quand un journaliste a une circonscription lectorale, souvent beaucoup plus vaste et beaucoup plus solide, il ne peut pas venir ensuite nous jouer le double jeu ; il ne peut pas venir pleurnicher. Dans la grande bataille des puissances de ce monde, il ne peut pas porter des coups redoutables au nom de sa puissance et quand les puissances contraires lui rendent ses coups, dans le même temps il ne peut pas se réclamer du simple citoyen. Qui renonce à la raison pour l'offensive ne peut se réclamer de la raison pour la défensive. Il y aurait là déloyauté insupportable, et encore duplicité.

La raison ne procède pas de la terreur, qui est la forme aiguë de la force. La raison ne procède pas de la suspicion, qui est la forme sournoise de la terreur. Le régime de la terreur, que ce soit de la terreur gouvernementale ou de la terreur populaire non moins gouvernementale, quand même ce régime dresserait des autels à la raison, et surtout si ce régime dressait des autels à la raison, n'est pas un régime de la raison. Le régime des suspects, où l'exercice de la force exercée est mystérieusement agrandi par la peur de la force exerçable, quand même les suspects seraient les ennemis de la raison, et surtout si les suspects étaient les ennemis de la raison, le régime des suspects est le plus contraire à la raison. Mais il n'y a pas seulement à redouter pour la raison un régime officiel des suspects, agrandissant quelque terreur officielle. Plus redoutable encore, plus odieux, plus ennemi de la raison, plus haïssable un régime officieux des suspects, comme celui auquel nous soumet le gouvernement de la presse. Ni les dénonciations calomnieuses, ni les allégations sans preuves ne sont de la raison. La raison n'est pas policière. Elle n'est pas plus policière de presse que policière d'État.

La raison ne procède pas même de cette popularité plus fine et plus aérée qui s'obtient dans les régions de culture. Ni les décorations d'État, ni les distinctions corporatives, ni les cooptations, ni les grades professionnels, ni les académies, ni les fêtes scientifiques, ni les cinquantenaires, ni les centenaires, ni les statues, ni les bustes, ni les noms inscrits aux plaques des rues, ni les banquets, quand même on les nommerait dîners, ni la renommée, ni la gloire ne sont proprement de la raison. Tout cela suppose quelque émulation. Or la raison ne procède pas par l'émulation. Tout cela suppose une application aux travaux de la raison de grandeurs qui ne sont pas du même ordre. La raison n'admet pas la rivalité, mais la seule collaboration, la coopération. Toute idée de récompenses ou de punitions, de sanctions, fussent-elles élégantes, spirituelles et psychologiques, est étrangère à la raison. Dans les sciences mêmes il est souvent difficile de proportionner les cérémonies aux travaux dont elles sont la consécration. Dans les lettres, dans les arts et dans la philosophie, cela est littéralement impossible. Au contraire les œuvres les plus fortes sont aussi les plus inattendues, les moins entourées, ou les plus enviées. Enfin les cérémonies laïques ressemblent toujours à des cérémonies religieuses.

La raison ne procède pas de l'autorité historique. Pas plus que les majorités contemporaines les majorités historiques des générations mortes ne peuvent commander à la raison. Pas plus qu'elle n'est toujours et proprement révolutionnaire, la raison n'est toujours et proprement traditionnelle. Mais elle est proprement rationnelle, et raisonnable. C'est la méconnaître que de l'assimiler ou de l'identifier à la révolution ; c'est la méconnaître aussi que de l'assimiler ou de l'identifier à la tradition. Elle est la raison. Et n'obéissant pas à la révolution, n'obéissant pas à la tradition, elle n'obéit pas non plus à la coïncidence des deux, à la tradition révolutionnaire. Car par un accouplement singulier, par un retour inattendu, nous voyons de plus en plus les poussées révolutionnaires se cristalliser en formes traditionnelles. De plus en plus la révolution, qui est la rupture de la tradition, tend à constituer elle-même un appareil traditionnel. Et en face de ces nouvelles traditions révolutionnaires, doublement nouvelles, comme étant des traditions, puisqu'elles sont révolutionnaires, et comme étant révolutionnaires, puisqu'elles sont des traditions, la raison n'a pas trop de ses deux libertés propres : liberté qu'elle sait garder en face de la tradition, liberté qu'elle sait garder en face de la révolution.

De tout temps les mouvements révolutionnaires, les ruptures de tradition, essentiellement libres d'origine, ont eu de la tendance à retomber dans l'ancien automatisme. Ainsi la conservation recommençait, la tradition renaissait avec la matière même que lui fournissait la révolution. Mais jamais comme aujourd'hui le mouvement révolutionnaire n'a été amorti en des formes aussi traditionnelles, aussi conservatoires. Par une étrange inconséquence, ou par une étrange insuffisance de pensée, le précédent constitué par la Révolution française, par la grande révolution bourgeoise, a fasciné les révolutionnaires socialistes, les fascine aujourd'hui plus que jamais. Les journées de 1830, les doubles journées de 1848, les mois de la Commune ont contribué à former, ont complété comme un code révolutionnaire. Jamais comme aujourd'hui les partis révolutionnaires, les comités, les commissions, les congrès, les conseils n'ont été liés, ne se sont liés, ne se sont figés, n'ont lié leurs commettants et leurs commis par autant de cérémonial, par autant d'étiquette, par autant d'habitude, par autant de protocole, par autant de tradition, par autant de conservation.

Par une ingratitude mentale singulière, les gouvernements révolutionnaires, les autorités socialistes opposent à la raison, à la liberté, dont ils sont nés, des traditions supplémentaires, des conservations surencombrantes. La raison ne doit se soumettre à ces traditions onéreuses ni parce qu'elles sont traditionnelles, ni parce qu'elles sont révolutionnaires. Imiter les anciens révolutionnaires, les vieux révoltés, ne consiste pas à penser en face du monde que nous connaissons identiquement les pensées qu'ils avaient en face du monde qui leur était contemporain. Mais c'est les imiter bien que d'avoir en face du monde que nous connaissons la même attitude, le même sentiment de liberté, déraison, qu'ils avaient en face de leur monde. Imiter servilement, ponctuellement leurs idées, comme on accepterait un héritage inerte, mort, avoir en face du monde présent les idées qu'ils avaient en face du monde passé, recommencer nos anciens, qui étaient justement des révolutionnaires parce qu'ils ne recommençaient pas leurs anciens, calquer leurs idées, ce serait n'imiter ni leur conduite, ni leur méthode, ni leur action, ni leur vie. Ce serait n'imiter pas l'usage qu'ils ont fait de la raison.

Imiter bien les anciens révolutionnaires, c'est nous placer librement en face du monde comme ils se plaçaient librement en face du monde. Ce n'est pas nous placer servilement en face de leur monde. C'est user de la raison comme ils en usaient, sans aucun artifice d'école ni retard factice. Pas plus que nous ne devons attacher à la révolution sociale et imposer aux humanités futures nos systèmes, nous ne devons pas plus leur imposer des systèmes hérités, fussent-ils hérités de révolutionnaires. Nous ne devons pas leur imposer, leur communiquer en passant par nous des systèmes anciens. Nous ne devons pas plus transmettre des autorités que nous ne devons en instituer. L'opération serait la même. Que le système imposé plus tard au nom de la révolution soit né parmi nous ou que nous l'ayons nous-mêmes reçu de nos aînés, le résultat serait le même. Ce serait toujours marquer l'humanité au lieu de la libérer. Ce serait toujours marchander et fausser l'affranchissement. Ce serait toujours opprimer la raison, faire sur la raison libre peser les anciennes œuvres d'une raison moins libre. Ce serait toujours monnayer la servitude économique pour avantager déloyalement le personnel révolutionnaire.

Nous n'apportons pas avec nous, nous n'apportons ni comme une invention ni comme un héritage des sentiments inédits, fabriqués exprès pour nous, et portant la marque de cette fabrication. Nous n'entendons pas remplacer, suppléer, remettre au magasin les vieux sentiments qui ont fait la joie ou la consolation, le bonheur et la beauté du monde. Nous n'avons pas des sentiments nouveaux qui remplaceraient l'antique amour, l'amitié, les affections, les sentiments et les passions de l'amour, les sentiments et les passions de l'art, des sciences, de la philosophie. Nous ne sommes pas des dieux qui créons des mondes. Nous voulons devenir des économes utiles, des gérants avisés, des ménagers diligents. Nous ne demandons pas à créer des animalités ni des humanités, mais modestes nous demandons que les biens économiques de la présente humanité soient administrés pour le mieux, afin que la servitude économique étant soulevée des nuques, les têtes libres se redressent, les corps vivent en santé, les âmes aussi. Nous sommes avant tout modestes. Un socialisme orgueilleux serait ime aberration. Un métaphysique serait criminel ou fou.

La raison ne procède pas de la pédagogie. Nous touchons ici au plus grave danger du temps présent. Malgré la complicité des mots mêmes, il ne faut pas que la pédagogie soit de la démagogie. C'est la pédagogie qui doit s'inspirer de la raison, se guider sur la raison, se modeler sur la raison. Il ne faut pas qu'après avoir souffert de notre négligence le peuple aujourd'hui soit déformé par notre complaisance. Il ne faut pas qu'ayant souffert de l'ignorance où il était laissé, il soit aujourd'hui déformé par un demi-savoir, qui est toujours un faux-savoir. C'est l'immense danger de l'enseignement primaire, à programmes encyclopédiques indigestes, c'est encore plus l'immense danger de l'enseignement primaire supérieur, c'est au plus haut degré l'immense danger et l'immense difficulté des universités populaires. Des individus admirablement dévoués, parfaitement sages, des personnes entendues, préviennent, évitent le danger, tournent, surmontent la difficulté, mais elles sont aussi les premières à les avoir mesurés. Ceux qui aiment le primaire, les instituteurs et le peuple, au lieu de les exploiter, en sont justement soucieux.

Ce serait fausser irréparablement l'esprit du peuple, ce serait donc trahir la raison la plus nombreuse, faire déraisonner la raison la plus nombreuse, encourager l'insanité générale, cultiver la démence et semer à pleines mains la déraison que de faire ou de laisser croire au peuple des travailleurs manuels, aux différents degrés de l'enseignement primaire, que le travail de la raison obtient ses résultats sans peine, sans effort et sans apprentissage. D'autant plus que le peuple sait fort bien, le peuple admet fort bien, mieux que les bourgeois, le peuple connaît par son expérience professionnelle que dans aucun ordre du travail manuel on n'obtient des résultats gratuits, donnés. Dans tous les métiers manuels tout le monde sait qu'il faut qu'on travaille et qu'il faut qu'on ait appris. Par quelle injuste infériorité, ou par quelle complaisance au fond démagogique, par quelle flatterie ferait-on croire ou laisserait-on croire au peuple que la science, que l'art et que la philosophie, que les travaux intellectuels, que les travaux de la raison ne sont pas aussi sérieux.

Ce serait rendre à la démocratie le pire des mauvais services que de vulgariser, d'étendre au peuple des ouvriers l'ancien préjugé nobiliaire. Il ne faut pas que le peuple non plus veuille tout savoir sans avoir jamais rien appris. Il ne faut pas que le peuple non plus ne se soit donné la peine que de naître peuple. Jamais on n'aurait l'idée de faire du pain sans avoir appris la boulangerie, ni de labourer sans savoir le labourage. Pourquoi veut-on traiter des grands problèmes sans avoir fait l'apprentissage indispensable. On accorde à peu près à la science qu'elle exige un apprentissage ; mais on le dénie trop souvent aux lettres, aux arts, à la philosophie. On introduirait ainsi la présomption la plus dangereuse ; on se préparerait les déceptions les plus graves, les plus méritées. Ce qu'on doit enseigner au peuple, ce n'est ni une vanité, ni un orgueil, c'est la modestie intellectuelle, et cette justesse qui est la justice de la raison. Au lieu de le lancer sur l'existence, ou, ce qui revient au même, sur l'inexistence de Dieu, sur l'immortalité de l'âme ou sur sa survivance ou sur sa mortalité, sur le déterminisme ou l'indéterminisme, sur le matérialisme ou la philosophie de l'histoire, enseignons-lui modestement des matières plus prêtes. Cela seul sera probe. Et c'est seulement ainsi que nous le respecterons.

Non pas que nous voulions interdire au peuple l'accès de la raison. C'est nous au contraire qui ne voulons pas qu'il aille se casser le nez à de fausses portes. Nous demandons qu'il avance raisonnablement, sagement, rationnellement dans les voies de la raison, aussi loin qu'il peut, mais en toute probité. La raison n'use pas du mensonge, quand même le faux serait plus court. Si l'on est en face d'un auditoire qui n'entend pas la démonstration du théorème afférent au carré de l'hypoténuse, il ne faut pas fabriquer une démonstration fausse mais saisissable aboutissant à la même proposition et la présenter au peuple avec cette arrière tranquillité que ça ne fait rien puisque la vraie démonstration fournit une assurance éternellement valable, une certitude. Non, mais on dit honnêtement à ceux qui ne sont pas géomètres : Les géomètres démontrent que le carré construit sur l'hypoténuse est équivalent à la somme des carrés construits sur les côtés de l'angle droit. — Il ne faut pas oublier que la plupart des grands problèmes sont plus difficiles et demandent plus de préparation que le théorème du carré de l'hypoténuse.

Non pas que pour assurer l'indépendance, la pleine liberté de la raison, nous voulions lui instituer quelque royaume en dehors et au-dessus de l'humanité. C'est dans l'humanité même et pour l'humanité que nous entendons que la raison fonctionne. C'est l'intérêt commun de la raison et de l'humanité que l'humanité entende la voix de la raison. Les deux intérêts sont ici inséparables. Mais le fonctionnement, le travail de la raison a ceci de propre, que dans ce travail on ne doit rien sacrifier à la réussite extérieure. Il faut que la raison pénètre de plus en plus l'humanité ; il faut que la raison s'insère de plus en plus dans l'action, mais à cette condition que par cette pénétration, par cette insertion la raison ne soit jamais entamée. Les avantages que la raison tire de son travail propre et les avantages que la raison et l'humanité tirent de sa propagation ne sont pas des avantages du même ordre qui se balancent et peuvent s'équivaloir. Mais les avantages propres de la raison travaillant sont rigoureusement conditionnels, constituent la condition indispensable sans quoi l'avantage extérieur est annulé.

On doit travailler de son mieux à faire avancer la raison dans son travail propre ; on doit travailler de son mieux à faire entrer la raison dans l'action de l'humanité, mais ces deux efforts ne sont pas du même ordre ; le deuxième est rigoureusement conditionné par le premier. Le premier est absolument libre du deuxième.

La raison n'est pas tout le monde. Nous savons, par la raison même, que la force n'est pas négligeable, que beaucoup de passions et de sentiments sont vénérables ou respectables, puissants, profonds. Nous savons que la raison n'épuise pas la vie et même le meilleur de la vie ; nous savons que les instincts et les inconscients sont d'un être plus profondément existant sans doute. Nous estimons à leur valeur les pensées confuses, les impressions, les pensées obscures, les sentiments et même les sensations. Mais nous demandons que l'on n'oublie pas que la raison est pour l'humanité la condition rigoureusement indispensable. Nous ne pouvons sans la raison estimer à sa juste valeur tout ce qui n'est pas de la raison. Et la question même de savoir ce qui revient à la raison et ce qui ne revient pas à la raison, ce n'est que par le travail de la raison que nous pouvons nous la poser.

Ce que nous demandons seulement, mais nous le demandons

sans aucune réserve, sans aucune limitation, ce n'est pas que la raison devienne et soit tout, c'est qu'il n'y ait aucun malentendu dans l'usage de la raison. Nous ne défendons pas la raison contre les autres manifestations de la vie. Nous la défendons contre les manifestations qui, étant autres, veulent se donner pom' elle et dégénèrent ainsi en déraisons. Nous ne la défendons pas contre les passions, contre les instincts, contre les sentiments comme tels, mais contre les démences, contre les insanités. Nous demandons que l'on ne fasse pas croire au peuple qu'on parle au nom de la raison quand on emploie des moyens qui ne sont pas les moyens de la raison. La raison a ses moyens propres, qu'elle emploie dans les arts, dans les lettres, dans les sciences et dans la philosophie. Ces moyens ne sont nullement disqualiliés pour l'étude que nous devons faire des phénomènes sociaux. Ce n'est pas quand la matière de l'étude est particulièrement complexe, mouvante, libre, difficile, que nous pouvons nous démunir d'un outil important, ou que nous devons le fausser.

Charles Péguy

Introduction
QUESTION DE MÉTHODE

Paris, 17 novembre 1901

Mon cher Péguy,

Vous m'avez demandé de réunir pour les *Cahiers de la Quinzaine* les études socialistes que j'ai publiées ces derniers mois dans *La Petite République* ; vous vous proposez d'adresser un exemplaire de ce volume à chacun de vos abonnés. Je me réjouis d'entrer ainsi en communication directe avec des esprits libres, habitués à la critique indépendante et probe. Bien que ces articles n'eussent point été destinés, d'abord, à paraître en volume, je n'ai point scrupule à les reproduire sous cette forme : car je n'ai jamais considéré l'article de journal comme une œuvre hâtive et superficielle ; et j'y mets, par respect pour le prolétariat qui lit les journaux socialistes, toute ma conscience d'écrivain.

Je n'ai pas besoin d'avertir qu'ils ne prétendent pas épuiser les sujets qu'ils traitent. Ils ne sont, évidemment, qu'un fragment, ou plutôt une préparation d'une œuvre plus vaste, plus dogmatique et plus documentée, où je voudrais définir exactement ce qu'est, au début du vingtième siècle, le socialisme, sa conception, sa méthode et son programme.

Mais, déjà, les études ici rassemblées touchent, avec une suffisante précision et une suffisante étendue, à des problèmes de la plus haute importance et qui pressent notre parti. Il est très divisé à l'heure présente, et vous m'accuseriez, sans doute, d'avoir la folie « de l'unité mystique », si je disais que ces divisions sont superficielles. Je ne les crois pas irréductibles, mais elles tiennent à de graves dissentiments, ou au moins à de graves malentendus sur les méthodes. C'est la croissance même de notre parti, c'est la puissance grandissante de notre idée — pardonnez-moi cette rechute d'optimisme —, qui ont créé le dissentiment, en nous posant à tous la question de méthode.

Comment se réalisera le socialisme ? Voilà un problème que nous ne pouvons pas éluder : et c'est l'éluder que d'y faire des réponses incertaines et vagues. Ou encore, c'est se tromper soi-même, que de répéter, en 1901, les réponses que firent, il y a un demi-siècle, nos aînés et nos maîtres.

Il y a un fait incontestable, et qui domine tout. C'est que le prolétariat grandit en nombre, en cohésion et en conscience. Les ouvriers, les salariés, plus nombreux, plus groupés, ont maintenant un idéal. Ils ne veulent pas seulement obvier aux pires défauts de la société présente : ils veulent réaliser un ordre social fondé sur un autre principe. À la propriété individuelle et capitaliste, qui assure la domination d'une partie des hommes sur les autres hommes, ils veulent substituer le communisme de la production, un système d'universelle coopération sociale qui, de tout homme, fasse, de droit, un associé. Ils ont ainsi dégagé leur pensée de la pensée bourgeoise : ils ont aussi dégagé leur action de l'action bourgeoise. Au service de leur idéal communiste, ils mettent une organisation à eux, une organisation de classe, la puissance croissante des syndicats ouvriers, des coopératives ouvrières, et la part croissante de pouvoir politique qu'ils conquièrent sur l'état ou dans l'état. Sur cette idée générale et première, tous les socialistes sont d'accord. Ils peuvent assigner des causes différentes à cette croissance du prolétariat ; ou du moins ils peuvent donner aux mêmes causes des valeurs différentes. Ils peuvent faire la part plus ou moins grande à la force de l'organisation économique ou de l'action politique. Mais tous ils constatent que par la nécessité même de l'évolution capitaliste qui développe la grande industrie, et par l'action correspondante des prolétaires, ceux-ci sont la force indéfiniment grandissante qui est appelée à transformer le système même de la propriété. Les socialistes discutent aussi sur l'étendue et sur la forme de l'action de classe que doit exercer le prolétariat. Les uns veulent qu'il se mêle le moins possible aux conflits de la société qu'il doit détruire, et qu'il réserve toutes ses énergies pour l'action décisive et libératrice. Les autres croient qu'il doit, dès maintenant, exercer sa grande fonction humaine. Kautsky rappelait, récemment, au congrès socialiste de Vienne, le mot fameux de Lassalle : « Le prolétariat est le roc sur lequel sera bâtie l'église de l'avenir. » et il ajoutait : « Le prolétariat n'est point seulement cela : il est aussi le roc contre lequel se brisent, dès aujourd'hui, les forces de réaction. » Et moi je dirai qu'il n'est pas précisément un roc, une puissance compacte et immobile. Il est une grande force cohérente, mais active, qui se mêle, sans s'y perdre, à tous les mouvements vastes et s'accroît de l'universelle vie. Mais tous, quelles que soient la hauteur et l'étendue de l'action de classe assignée par nous au prolétariat, nous le concevons comme une force autonome, qui peut coopérer avec d'autres forces, mais qui, jamais, ne se fond ou s'absorbe en elles, et qui garde toujours, pour son œuvre distincte et supérieure, son ressort distinct. C'est le mérite décisif de Marx, le seul peut-être qui résiste pleinement à l'épreuve de la critique et aux atteintes profondes du temps, d'avoir rapproché et confondu l'idée socialiste et le mouvement ouvrier. Dans le premier tiers du dix-neuvième siècle, la force ouvrière s'exerçait, se déployait, luttait contre la puissance écrasante du capital : mais elle n'avait pas conscience du terme où elle tendait ; elle ne savait pas que, dans la forme communiste de la propriété, était l'achèvement de son effort, l'accomplissement de sa tendance. Et, d'autre part, le socialisme ne savait point que, dans le mouvement de la classe ouvrière, était sa réalisation vivante, sa force concrète et historique. La gloire de Marx est d'avoir été le plus net, le plus puissant de ceux qui mirent fin à ce qu'il y avait d'empirisme dans le mouvement ouvrier, à ce qu'il y avait d'utopisme dans la pensée socialiste. Par une application souveraine de la méthode hégélienne, il unifia l'idée et le fait, la pensée et l'histoire. Il mit l'idée dans le mouvement et le mouvement dans l'idée, la pensée socialiste dans la vie prolétarienne, la vie prolétarienne dans la pensée socialiste. Désormais, le socialisme et le prolétariat sont inséparables : le socialisme ne réalisera toute son idée que par la victoire du prolétariat ; et le prolétariat ne réalisera tout son être que par la victoire du socialisme.

À la question toujours plus impérieuse : comment se réalisera le socialisme ? il convient donc d'abord de répondre : par la croissance même du prolétariat qui se confond avec lui. C'est la réponse première, essentielle : et quiconque ne l'accepte point dans son vrai sens et dans tout son sens, se met nécessairement lui-même hors de la pensée et de la vie socialistes. Cette réponse, si générale qu'elle soit, n'est pas vaine, car elle implique l'obligation pour chacun de nous d'ajouter sans cesse à la puissance de pensée, d'organisation, d'action et de vie du prolétariat. Elle est de plus, en un sens, la seule certaine. Il nous est impossible de savoir avec certitude par quel moyen précis, sous quel mode déterminé, et à quel moment, l'évolution politique et sociale s'achèvera en communisme. Mais ce qui est sûr, c'est que tout ce qui accroît la puissance intellectuelle, économique et politique de la classe prolétarienne accélère cette évolution, anime, élargit et approfondit le mouvement.

Mais cette réponse première, quelque forte et substantielle qu'elle soit, ne suffit point. Précisément parce que le prolétariat a déjà grandi, parce qu'il commence à mettre la main sur le mécanisme politique et économique, la question se précise : quel sera le mécanisme de la victoire ? À mesure que la puissance prolétarienne se réalise, elle s'incorpore à des formes précises, au suffrage universel, au syndicat, à la coopérative, aux formes diverses des pouvoirs publics et de l'État démocratique. Et nous ne pouvons pas considérer la force prolétarienne indépendamment des formes où elle s'est déjà partiellement organisée, et des mécanismes qu'elle s'est partiellement appropriés. Il n'y a donc pas utopie aujourd'hui à chercher avec précision quelle sera la méthode de réalisation socialiste, et quel sera le mode d'accomplissement. Ce n'est pas retourner à l'utopie et se séparer de la vie du prolétariat, c'est au contraire rester en elle, progresser et se déterminer avec elle. Elle n'est plus « l'esprit flottant sur les eaux » : elle s'est déjà incorporée à des institutions : institutions économiques et institutions politiques ; ces institutions, suffrage universel, démocratie, syndicat, coopérative, ont un degré déterminé de développement, une force et une direction acquises : et il faut savoir si le communisme prolétarien pourra se réaliser par elles, s'accomplir par elles, ou si au contraire il ne s'accomplira que par une suprême rupture.

À vrai dire, toujours les socialistes ont cherché à prévoir et à déterminer sous quelle forme, par quels procédés historiques, le prolétariat triompherait. Et si nous souffrons aujourd'hui, s'il y a dans notre parti incertitude et malaise, c'est parce qu'il associe en des mélanges confus les méthodes en partie surannées que nos maîtres nous ont léguées, et les nécessités mal formulées encore des temps nouveaux. Marx et Blanqui croyaient tous deux à une prise de possession révolutionnaire du pouvoir par le prolétariat. Mais la pensée de Marx était beaucoup plus complexe. Sa méthode de révolution avait des aspects multiples. C'est donc chez Marx surtout que je veux la discuter. Or, toute entière et en quelque sens qu'on la prenne, elle est surannée. Elle procède ou d'hypothèses historiques épuisées, ou d'hypothèses économiques inexactes. D'abord, les souvenirs de la révolution française et des révolutions successives qui en furent, en France et en Europe, le prolongement, dominaient l'esprit de Marx. Le trait commun de tous les mouvements révolutionnaires, de 1789 à 1796, de 1830 à 1848, c'est qu'ils furent des mouvements révolutionnaires bourgeois auxquels la classe ouvrière se mêla pour les dépasser. Dans toute cette longue période, la classe ouvrière n'était pas assez forte pour tenter une révolution à son profit : elle n'était pas assez forte non plus pour prendre peu à peu, et selon la légalité nouvelle, la direction de la révolution. Mais elle pouvait faire et elle faisait deux choses. D'abord elle se mêlait à tous les mouvements révolutionnaires bourgeois pour y exercer et y accroître sa force ; elle profitait des périls que courait l'ordrenouveau menacé par toutes les forces de contre-révolution pour devenir une puissance nécessaire. Et en second lieu, quand sa force s'était ainsi accrue, quand l'espérance et l'ambition s'étaient éveillées au cœur des prolétaires, quand les diverses fractions révolutionnaires de la bourgeoisie s'étaient usées ou discréditées par leurs luttes réciproques, la classe ouvrière tentait, par une sorte de coup de surprise, de s'emparer de la révolution et de la faire sienne. C'est ainsi que sous la Révolution française en 1793, le prolétariat parisien pesa, par la commune, sur la Convention et exerça parfois une sorte de dictature. C'est ainsi qu'un peu plus tard Babeuf et ses amis tentaient de saisir, par un coup de main et au profit de la classe ouvrière, le pouvoir révolutionnaire. Ainsi encore, après 1830, le prolétariat français, après avoir joué dans la Révolution de Juillet le grand rôle noté par Armand Carrel, essaya d'entraîner la bourgeoisie victorieuse, et bientôt de la dépasser. C'est ce rythme de révolution qui s'impose d'abord à la pensée de Marx. Certes en novembre 1847, au moment où avec Engels il écrit le *Manifeste communiste*, il sait bien que le prolétariat a grandi : c'est le prolétariat qu'il considère comme la vraie force révolutionnaire ; et c'est contre la bourgeoisie que se fera la révolution. Il écrit : « Le progrès de l'industrie dont la bourgeoisie, sans préméditation et sans résistance, est devenue l'agent, au lieu de maintenir l'isolement des ouvriers par la concurrence, a amené leur union révolutionnaire par l'association. Ainsi le développement même de la grande industrie détruit dans ses fondements le régime de production et d'appropriation des produits où s'appuyait la bourgeoisie. Avant tout la bourgeoisie produit ses propres fossoyeurs. La ruine de la bourgeoisie et la victoire du prolétariat sont également inévitables ».

Et encore : « Le but immédiat pour les communistes est le même que pour tous les autres partis prolétariens : la constitution du prolétariat en classe, le renversement de la domination bourgeoise, la conquête du pouvoir politique par le prolétariat ». Voici qui est très précis encore : « Nous avons suivi la guerre civile plus ou moins latente dans la société actuelle jusqu'au point où elle éclate en une révolution ouverte, et où, par l'effondrement évident de la bourgeoisie, le prolétariat fondera sa domination ». Ainsi, c'est par une révolution violente contre la classe bourgeoise que le prolétariat s'emparera du pouvoir et réalisera le communisme. Mais, en même temps, il paraît à Marx que c'est la bourgeoisie elle-même qui, ayant à compléter son propre mouvement révolutionnaire, donnera le signal de l'ébranlement. Contre l'absolutisme ou ce qui en reste, contre le féodalisme ou ce qui en reste, la bourgeoisie se lèvera, et quand elle aura déchaîné les événements, quand elle aura ouvert la crise, le prolétariat, plus puissant aujourd'hui que ne l'étaient sous la révolution anglaise en 1648 les niveleurs de Lilburne et en 1793 les prolétaires de Chaumette, s'emparera révolutionnairement de la révolution bourgeoise. Il commencera par lutter aux côtés de la bourgeoisie, et aussitôt qu'elle sera victorieuse, il l'expropriera de sa victoire. « En Allemagne, écrivent en 1847 Marx et Engels, le parti communiste luttera aux côtés de la bourgeoisie dans toutes les occasions où la bourgeoisie reprendra son rôle révolutionnaire ; avec elle il combattra la monarchie absolue, la propriété foncière féodale, la petite bourgeoisie. Mais pas un instant il n'oubliera d'éveiller parmi les ouvriers la conscience la plus claire possible de l'opposition qui existe entre la bourgeoisie et le prolétariat et qui en fait des ennemis. Il faut que les conditions sociales et politiques qui accompagneront le triomphe de la bourgeoisie se retournent contre la bourgeoisie elle-même comme autant d'armes dont aussitôt les ouvriers allemands sauront faire usage. Il faut qu'après la chute des classes réactionnaires en Allemagne, la lutte contre la bourgeoisie s'engage sans tarder.

C'est l'Allemagne surtout qui attirera l'attention des communistes. L'Allemagne est à la veille d'une révolution bourgeoise. Cette révolution, elle l'accomplira en présence d'un développement général de la civilisation européenne et d'un développement du prolétariat que ni l'Angleterre au dix-septième siècle ni la France au dix-huitième n'ont connu. La révolution bourgeoise sera donc, et de toute nécessité, le prélude immédiat d'une révolution prolétarienne ».

Ainsi, c'est sur une Révolution bourgeoise victorieuse que se greffera la Révolution prolétarienne. L'esprit de Marx, en sa haute ironie un peu sarcastique, se complaisait à ces jeux de la pensée. Que l'histoire mystifiât la bourgeoisie en lui arrachant des mains sa victoire toute chaude, c'était pour lui une âpre joie. Mais c'était un plan de révolution prolétarienne trop compliqué et contradictoire. D'abord, si le prolétariat n'a pas la force de donner lui-même le signal de la Révolution, s'il est obligé de compter sur les surprises heureuses de la Révolution bourgeoise, comment peut-on être assuré qu'il aura contre la bourgeoisie victorieuse la force qu'il n'avait pas avant le mouvement bourgeois ? Ou bien, dans sa tentative de révolution contre le vieux monde absolutiste et féodal, la bourgeoisie sera vaincue : et sous sa défaite le prolétariat sera accablé bien avant d'avoir combattu pour lui-même. Ou bien elle l'emportera ; elle brisera l'arbitraire des rois, la puissance des nobles et des prêtres, absorbera la propriété féodale, abolira les entraves corporatives : et elle s'élancera d'un mouvement si vif, si enthousiaste dans la carrière ouverte par elle, que le prolétariat sera impuissant à créer soudain un mouvement nouveau et contraire. Et il aura beau procéder par surprise et violence, tenter d'organiser « sa dictature », et de « conquérir la démocratie » par la force, sa puissance réelle ne pourra pas être élevée artificiellement au-dessus du niveau où elle était avant la Révolution bourgeoise. Miquel ne manquait pas de clairvoyance lorsqu'il écrivait à Marx dans sa fameuse lettre de 1850, et en prévision d'une reprise de Révolution : « Le parti ouvrier pourra l'emporter sur la haute bourgeoisie et les restes de la haute féodalité, mais il sera fusillé dans les flancs par les démocrates. Nous pouvons peut-être donner pour quelque temps à la Révolution une direction antibourgeoise, nous pouvons détruire les conditions essentielles de la production bourgeoise : mais il nous est impossible d'abattre la petite bourgeoisie. Obtenir autant que possible, voilà ma devise. Nous devons empêcher aussi longtemps que possible après la première victoire toute organisation des petits bourgeois, et notamment nous opposer en phalange serrée à toute assemblée constituante. Le terrorisme particulier, l'anarchie locale, doivent remplacer pour nous ce qui nous manque en gros ». Mais on ne remplace pas ainsi « ce qui manque en gros ». Il est certain que lorsqu'une classe n'est pas encore prête historiquement, lorsqu'elle est obligée d'attendre le signal et le moyen de sa propre action de ceux-là mêmes qu'elle prétend remplacer, lorsque sa Révolution empruntant sa force du mouvement ennemi n'est encore qu'une Révolution parasitaire, elle ne peut se promettre quelque succès que si elle tient la Révolution ouverte et « en permanence », si elle prolonge l'agitation de tous les éléments sociaux. Mais à ce jeu elle ne fait guère que gagner du temps ou accroître les chances d'une réaction qui emporte à la fois et prolétariat et bourgeoisie. C'est la tactique à laquelle la classe ouvrière est condamnée, quand elle est encore dans une période d'insuffisante préparation. Et si un des caractères du socialisme utopique est de n'avoir pas compté sur la force propre de la classe ouvrière, le *Manifeste communiste* de Marx et de Engels fait encore partie de la période d'utopie. Robert Owen, Fourier, comptaient sur le bon vouloir des classes supérieures. Marx et Engels attendent, pour le prolétariat, la faveur d'une Révolution bourgeoise.

Ce que propose le *Manifeste*, ce n'est pas la méthode de révolution d'une classe sûre d'elle-même et dont l'heure est enfin venue : c'est l'expédient de Révolution d'une classe impatiente et faible, qui veut brusquer par artifice la marche des choses.

Aussi bien, au bout de cet effort paradoxal, après cette sorte de détournement prolétarien de la Révolution bourgeoise, ce n'est pas une pleine victoire du prolétariat et du communisme que Marx entrevoit : c'est un régime singulièrement mêlé de propriété capitaliste et de communisme, de violence à la propriété et d'organisation du crédit. Chose singulière ! Après avoir constaté que c'est l'évolution de l'industrie et la croissance du prolétariat industriel qui créent une force révolutionnaire, le *Manifeste* ne prévoit d'abord, dans le programme immédiat de la révolution communiste victorieuse, que l'expropriation de la rente foncière. Il rétrograde au delà de Babeuf, dont la gloire est d'avoir fait entrer la production industrielle aussi bien que la production agricole dans le plan communiste. Il recule presque jusqu'à Saint-Just, qui semble avoir prévu la possibilité pour la nation d'absorber les fermages.

« Nous avons vu plus haut, dit Marx, que la première démarche de la révolution ouvrière serait de constituer le prolétariat en classe régnante, de conquérir le régime démocratique.

« Le prolétariat usera de sa suprématie politique pour arracher peu à peu à la bourgeoisie tous les capitaux, pour centraliser entre les mains de l'état, c'est-à-dire du prolétariat constitué en classe dirigeante, les instruments de production et pour accroître au plus vite la masse disponible des forces productives.

« Il va de soi que cela impliquera dans la période du début des infractions despotiques au droit de propriété et aux conditions bourgeoises de la production. Des mesures devront être prises qui sans doute paraîtront insuffisantes et auxquelles on ne pourra pas s'en tenir, mais qui, une fois le mouvement commencé, mèneront à des mesures nouvelles et seront indispensables à titre de moyens pour révolutionner tout le régime de production. Ces mesures, évidemment, seront différentes en des pays différents. Cependant les mesures suivantes seront assez généralement applicables, du moins dans les pays les plus avancés :

« 1° Expropriation de la propriété foncière ; affectation de la rente foncière aux dépenses de l'État.

« 2° Impôt fortement progressif.

« 3° Abolition de l'héritage.

« 4° Confiscation des biens de tous les émigrés et rebelles.

« 5° Centralisation du crédit aux mains de l'État par le moyen d'une banque nationale constituée avec les capitaux de l'État et avec un monopole exclusif.

« 6° Centralisation des industries de transport aux mains de l'État.

« 7° Multiplication des manufactures nationales, des instruments nationaux de production, défrichement et amélioration des terres cultivables d'après un plan d'ensemble.

« 8° Travail obligatoire pour tous : organisation d'armées industrielles, notamment en vue de l'agriculture.

« 9° Réunion de l'agriculture et du travail industriel : préparation de toutes les mesures capables de faire disparaître progressivement la différence entre la ville et la campagne.

« 10° Éducation publique et gratuite de tous les enfants. Abolition des formes actuellement en usage du travail des enfants dans les fabriques. Réunion de l'éducation et de la production matérielle, etc. »

Étrange programme, où sont rapprochés le communisme agraire du dix-huitième siècle et quelques éléments de ce que nous appelons aujourd'hui le programme de Saint-Mandé : Marx et Engels, dans l'ordre industriel, se contentent d'abord de la nationalisation des chemins de fer : il n'y a même pas la nationalisation des mines acceptée aujourd'hui par les radicaux-socialistes. Mais ce qui me frappe, ce n'est pas le chaos du programme, la coexistence du communisme agricole et du capitalisme industriel. Ce n'est pas la contradiction entre l'article qui abolit l'héritage et qui retire ainsi par là aux générations nouvelles le capital industriel, et l'ensemble des articles qui laissent subsister la propriété individuelle. L'histoire démontre que des formes diverses et même contradictoires ont souvent coexisté : longtemps la production corporative et la production capitaliste ont fonctionné côte à côte : tout le dix-septième et tout le dix-huitième siècles sont faits du mélange des deux, et longtemps aussi le travail libre agricole et le servage avaient coexisté. Et je suis convaincu que dans l'évolution révolutionnaire qui nous conduira au communisme, la propriété collectiviste et la propriété individuelle, le communisme et le capitalisme seront longtemps juxtaposés. C'est la loi même des grandes transformations. Marx et Engels avaient parfaitement le droit, sans se désavouer eux-mêmes, de dire en 1872 qu'ils faisaient assez bon marché de leur programme de 1847. « Ce passage aujourd'hui devrait être modifié en plusieurs de ses termes. Les progrès immenses accomplis par la grande industrie dans les vingt-cinq dernières années, les progrès parallèles accomplis par la classe ouvrière organisée en parti... font paraître vieillis plus d'un passage de ce programme. » Tout au plus peut-on s'étonner qu'ils n'aient pas fait, dès 1847, une part plus large au communisme industriel.

Mais ce qui étonne, c'est qu'ils aient pu croire le prolétariat capable de confisquer à son profit les révolutions bourgeoises et de conquérir, par un coup d'autorité, la démocratie, alors qu'ils le supposaient incapable, au lendemain de sa victoire et même dans les pays les plus avancés, d'instituer largement le communisme industriel. Ce qui frappe surtout, dans le *Manifeste*, ce n'est pas le chaos du programme, qui pourrait se débrouiller, mais le chaos des méthodes. C'est par un coup de force que le prolétariat s'est installé d'abord au pouvoir : c'est par un coup de force qu'il l'a arraché aux révolutionnaires bourgeois. Il « conquiert la démocratie », c'est-à-dire qu'en fait il la suspend, puisqu'il substitue à la volonté de la majorité des citoyens librement consultés la volonté dictatoriale d'une classe. C'est encore par la force, par la puissance dictatoriale, qu'il commet ces premières « infractions despotiques » à la propriété que le*Manifeste* prévoit. Mais ensuite, pour tout le développement de la révolution, pour l'élaboration et l'organisation de l'ordre nouveau, est-ce encore la dictature du prolétariat qui subsiste, ou est-il rentré sous la loi de la démocratie, du suffrage universel et des transactions ? Il est impossible de supposer que Marx et Engels aient songé à suspendre longtemps, au profit de la dictature prolétarienne, la démocratie. Comment le pourraient-ils, la révolution prolétarienne elle-même ayant surgi d'un mouvement vaste vers la démocratie ? Comment le pourraient-ils encore, puisqu'ils laissent subsister la puissance économique de la bourgeoisie, la forme capitaliste de l'industrie ? Laisser au patronat, au moins dans une période provisoire dont ils n'essaient même pas d'indiquer le terme, la direction des ateliers, des manufactures et des usines, et tenir ce même patronat hors du droit politique, hors de la cité, c'est une impossibilité. Il est contradictoire de faire des bourgeois des citoyens passifs et de leur laisser encore dans une large mesure la maîtrise de la production. Il est contradictoire d'organiser le crédit d'État et de ne pas soumettre au contrôle de toute la nation le fonctionnement de ce crédit. Une classe, née de la démocratie, qui, au lieu de se ranger à la loi de la démocratie, prolongerait sa dictature au delà des premiers jours de la révolution, ne serait bientôt plus qu'une bande campée sur le territoire et abusant des ressources du pays. Donc ou Marx etEngels acheminent le prolétariat à un chaos de barbarie et d'impuissance, ou ils prévoient qu'après les premiers actes politiques et économiques qui auront donné à la classe ouvrière un grand essor et marqué d'un sceau socialiste la démocratie, il se confondra de nouveau dans la vie nationale et dans la légalité du suffrage universel. Mais qu'est-ce à dire ? Et si la démocratie n'est point préparée au mouvement communiste, ne va-t-elle point contrarier, au lieu de les étendre, les effets des premières mesures dictatoriales du prolétariat ? Et si au contraire la démocratie y est préparée, si le prolétariat peut, par la seule force légale, obtenir d'elle qu'elle développe dans le sens communiste les premières institutions révolutionnaires, c'est en réalité la conquête légale de la démocratie qui devient la méthode souveraine de Révolution. Tout le reste, je le répète, n'est que l'expédient, peut-être nécessaire un moment, d'une classe encore débile et mal préparée. Mais ceux des socialistes d'aujourd'hui qui parlent encore de « dictature impersonnelle du prolétariat » ou qui prévoient la prise de possession brusque du pouvoir et la violence faite à la démocratie, ceux-là rétrogradent au temps où le prolétariat était faible encore, et où il était réduit à des moyens factices de victoire.

En fait, la tactique du *Manifeste*, qui consiste pour le prolétariat à dériver vers lui des mouvements qu'il n'eût pu susciter lui-même, cette tactique de la force croissante et hardie mais subordonnée encore, la classe ouvrière l'a employée d'instinct dans toutes les crises de la société démocratique et bourgeoise. Marx en avait reçu l'idée de la révolution française et de Babeuf. Après 1830, les mouvements ouvriers de Paris et de Lyon prolongèrent en une confuse affirmation prolétarienne la révolution de la bourgeoisie. En 1848, les prolétaires de Paris, de Vienne, de Berlin tentèrent, en d'audacieuses journées, de dériver vers le socialisme le mouvement de la Révolution. La fameuse parole de Blanqui : « On ne crée pas un mouvement, on le dérive » est l'expression même de cette politique. C'est la formule active du *Manifeste communiste* de Marx, c'est le mot d'ordre d'une classe qui se sent mineure encore mais appelée à de hautes destinées. En 1870, le 31 octobre succédant au 4 septembre est une reprise de la méthode marxiste et blanquiste. Dans la commune même, l'action croissante du prolétariat socialiste se substituant à la démocratie petite-bourgeoise est encore une application de la tactique du *Manifeste* : greffer la révolution prolétarienne sur la révolution démocratique et bourgeoise.

Lassalle avait eu une ambition plus hardie. Lui, il ne voulait pas laisser la révolution, même bourgeoise, prendre d'abord une forme bourgeoise. Il voulait la capter, pour ainsi dire, à sa source même, et la dériver d'emblée vers le prolétariat. Ainsi, lorsque, en 1863, éclata le conflit entre la représentation prussienne et le ministère prussien, lorsque la bourgeoisie progressiste et libérale d'Allemagne s'agita pour défendre le droit constitutionnel menacé par Bismarck, on put se demander si le conflit n'aboutirait point à une révolution. En celle-ci, ce n'est donc pas la question sociale, la question de la propriété qui aurait été posée. Elle n'eût pas été d'origine communiste et prolétarienne, mais au contraire d'origine bourgeoise et parlementaire. Elle eût été comme la reprise de la Révolution bourgeoise allemande que Marx annonçait en novembre 1847, et qui avorta en 1848 et 1849.

Mais cette Révolution allemande, si bourgeoise qu'elle fût en ses origines, Lassalle ne voulait pas qu'elle fût bourgeoise, même un moment, dans sa manifestation et dans sa marche. C'était, selon lui, le prolétariat allemand organisé qui devait susciter du conflit bourgeois la Révolution et prendre tout de suite en main la force nouvelle des événements. Il proclamait que la bourgeoisie était sans audace, qu'elle essaierait tout au plus de revenir à la fédération allemande de 1848, et qu'il fallait au contraire instituer l'entière unité de l'Allemagne démocratique. « Des buts misérablement médiocres, s'écriait-il, ne peuvent susciter qu'une conduite misérablement médiocre ; seule une grande idée, seul l'enthousiasme pour des buts puissants créent le dévouement, l'esprit de sacrifice, la vaillance ! » Et de quel droit la bourgeoisie allemande, qui avait laissé périr la liberté en 1848, se donnerait-elle aujourd'hui comme la gardienne de la liberté ? Aussi bien, et Lassalle en prenait acte triomphalement, les chefs de la bourgeoisie libérale déclaraient d'avance se refuser à toute révolution. C'est donc le prolétariat qui passerait d'emblée au premier plan si la crise devenait révolutionnaire. « Je trouve très maladroit M De Benningsen, disait Lassalle, de nous rappeler que lui et son parti ne veulent point de révolution ! Puisqu'il nous le rappelle sans relâche, nous voulons lui faire cette joie de ne point l'oublier. Levons nos mains et engageons-nous, si sous une forme ou sous une autre se produit le grand ébranlement, à rappeler aux nationaux-libéraux que jusqu'au dernier moment ils ont déclaré ne vouloir pas de révolution. »

C'est donc au prolétariat que serait, pour ainsi dire, adjugée dès la première heure la Révolution. Lassalle, conscient de la croissance de la classe ouvrière, et impatient aussi de cueillir tous les fruits de la vie, n'accepte point, comme Marx en 1847, une période première de révolution bourgeoise. Quoique née d'un conflit entre la bourgeoisie libérale et l'absolutisme royal, la Révolution passera dès le premier jour aux mains ouvrières. C'est encore l'application de la méthode marxiste, mais dans une sorte de cas limite où est réduite à zéro la durée de la période bourgeoise. De ce pouvoir révolutionnaire soudain conquis, Lassalle se proposait, il est vrai, de faire un usage très modéré. Il se serait borné à fonder le suffrage universel, à supprimer les impôts indirects, à affranchir la presse du joug du capital et à subventionner largement sur les ressources de l'État des associations ouvrières de production : pas d'expropriation ; pas d'application étendue d'un plan communiste.

Ainsi, depuis cent vingt ans, la méthode de révolution ouvrière dont Babeuf a donné l'application première, dont Marx et Blanqui ont donné la formule, et qui consiste à profiter des révolutions bourgeoises pour y glisser le communisme prolétarien, a été essayée ou proposée bien des fois, et sous bien des formes. Elle a donné certes de grands résultats. C'est par elle qu'en de grandes journées historiques la classe ouvrière a pris conscience de sa force et de son destin. C'est par elle qu'indirectement encore et obliquement, le prolétariat s'est essayé au pouvoir. C'est par elle que la question de la propriété et du communisme a été constamment à l'ordre du jour de l'Europe selon le conseil du *Manifeste.* « Dans tous ces mouvements, la question que les communistes mettront au premier plan, la question pour eux essentielle, est celle de la propriété, *dût même le débat sur cette question n'être pas encore engagé très à fond.* » C'est par cette méthode enfin que le prolétariat a agi, bien avant d'avoir la force décisive. Mais c'était une chimère d'espérer que le communisme prolétarien pourrait être greffé sur la révolution bourgeoise. C'était une chimère de croire que les agitations révolutionnaires de la bourgeoisie donneraient au prolétariat l'occasion d'un coup de force heureux. En fait, cette tactique n'a jamais abouti. Tantôt la bourgeoisie révolutionnaire a sombré, entraînant avec elle le prolétariat. Tantôt la bourgeoisie révolutionnaire victorieuse a eu la force de contenir, de refouler le mouvement prolétarien. Et d'ailleurs, même si par surprise un mouvement prolétarien s'était soudain imposé à des agitations d'un autre ordre et d'une autre origine, à quoi eût-il abouti ? Il se serait rapidement affaibli en un mouvement purement démocratique par une série de compromis. De laCommune victorieuse, c'est tout au plus une république radicale qui serait sortie.

Aujourd'hui, le mode déterminé sous lequel Marx, Engels et Blanqui concevaient la Révolution prolétarienne est éliminé par l'histoire. D'abord, le prolétariat plus fort ne compte plus sur la faveur d'une révolution bourgeoise. C'est par sa force propre et au nom de son idée propre qu'il veut agir sur la démocratie. Il ne guette pas une révolution bourgeoise pour jeter la bourgeoisie à bas de sa révolution comme on renverse un cavalier pour s'emparer de sa monture. Il a son organisation à lui, sa puissance à lui. Il a, par les syndicats et les coopératives, une puissance économique grandissante. Il a par le suffrage universel et la démocratie une force légale indéfiniment extensible. Il n'est pas réduit à être le parasite aventureux et violent des révolutions bourgeoises. Il prépare méthodiquement, ou mieux, il commence méthodiquement sa propre Révolution par la conquête graduelle et légale de la puissance de la production et de la puissance de l'État. Aussi bien il attendrait en vain, pour un coup de force et de dictature de classe, l'occasion d'une révolution bourgeoise. La période révolutionnaire de la bourgeoisie est close. Il se peut que pour la sauvegarde de ses intérêts économiques et sous l'action de la classe ouvrière la bourgeoisie d'Italie, d'Allemagne, de Belgique, soit conduite à étendre les droits constitutionnels du peuple, à revendiquer la plénitude du suffrage universel, la vérité du régime parlementaire, la responsabilité des ministres devant le parlement. Il se peut que l'action combinée de la démocratie bourgeoise et du prolétariat fasse reculer partout la prérogative royale ou l'autocratie impériale jusqu'au point où la monarchie n'a plus qu'une existence nominale. Il est certain que la lutte pour l'entière démocratie n'est pas close en Europe : mais, dans cette lutte, la bourgeoisie ne jouera guère qu'un rôle d'appoint, comme il est visible en ce moment en Belgique. Et d'ailleurs, il y a déjà, dans toutes les constitutions de l'Europe centrale et occidentale, assez d'éléments de démocratie pour que le passage à l'entière démocratie s'accomplisse sans crise révolutionnaire. Ainsi le prolétariat ne peut plus, comme l'avaient pensé Marx et Blanqui, abriter sa Révolution derrière les révolutions bourgeoises : il ne peut plus saisir et tourner à son profit les agitations révolutionnaires de la bourgeoisie, qui sont épuisées. Maintenant c'est à découvert, sur le large terrain de la légalité démocratique et du suffrage universel, que le prolétariat socialiste prépare, étend, organise sa Révolution. C'est à cette action révolutionnaire méthodique, directe et légale que Engels, dans la dernière partie de sa vie, conviait le prolétariat européen en des paroles fameuses qui rejetaient, en fait, le *Manifeste communiste* dans le passé. Désormais, l'action révolutionnaire de la bourgeoisie étant close, tout moyen de violence employé par le prolétariat ne ferait que coaliser contre lui toutes les forces non prolétariennes. Et c'est pourquoi j'ai toujours interprété la grève générale non comme un moyen de violence, mais comme un des plus vastes mécanismes de pression légale que, pour des objets définis et grands, pouvait manier le prolétariat éduqué et organisé.

Mais si l'hypothèse historique dont procède la conception révolutionnaire du*Manifeste communiste* est en effet épuisée, si le prolétariat ne peut plus compter sur les mouvements révolutionnaires de la bourgeoisie pour déployer sa propre force de révolution, s'il ne peut plus faire surgir sa dictature de classe d'une période de démocratie chaotique et violente, peut-il du moins attendre son avènement soudain d'un brusque effondrement économique de la bourgeoisie, d'un cataclysme du système capitaliste acculé enfin à l'impossibilité de vivre et déposant son bilan ? C'était encore là une perspective de Révolution prolétarienne ouverte par Marx. Il comptait à la fois, pour susciter la dictature de classe du prolétariat, sur l'avènement politique révolutionnaire de la bourgeoisie et sur sa chute économique. De lui-même, un jour, sous l'action toujours plus intense et plus fréquente des crises déchaînées par lui, et par l'épuisement de misère auquel il aurait réduit les exploités, le capitalisme devait succomber. Il n'est pas possible de contester sérieusement que ce fût là, dans le *Manifeste*, la pensée de Marx et de Engels. « Toutes les sociétés jusqu'à ce jour ont reposé, nous l'avons vu, sur l'antagonisme de classes oppressives et de classes opprimées. Mais pour pouvoir opprimer une classe, au moins faut-il lui assurer des conditions d'existence qui lui permettent de traîner sa vie d'esclavage. Le serf, malgré son servage, s'était élevé au rang de membre de la commune, le petit bourgeois était devenu bourgeois malgré le joug de l'absolutisme féodal. L'ouvrier moderne, au contraire, au lieu de s'élever par le progrès de l'industrie, descend de plus en plus au-dessous de la condition de sa propre classe. Le travailleur devient un pauvre, et le paupérisme grandit encore plus vite que la population et la richesse. Il devient ainsi manifeste que la bourgeoisie est incapable de demeurer désormais la classe dirigeante de la société et d'imposer à la société, comme une loi impérative, les conditions de son existence de classe. Elle est devenue incapable de régner, car elle ne sait plus assurer à sesesclaves la subsistance qui leur permette de supporter l'esclavage. Elle en est réduite à les laisser tomber à une condition où il lui faut les nourrir au lieu d'être nourrie par eux. La société ne peut plus vivre sous le règne de cette bourgeoisie ; c'est-à-dire que l'existence de cette bourgeoisie n'est plus compatible avec la vie sociale. »

Et c'est à ce moment que, l'exploitation bourgeoise et capitaliste ayant atteint pour ainsi dire la limite de tolérance vitale des classes exploitées, il se produit une commotion inévitable, un soulèvement irrésistible, et la guerre civile latente entre les classes se dénoue enfin par « l'effondrement violent de la bourgeoisie ».

Voilà bien la pensée de Marx et de Engels, à cette date. Je sais que l'on cherche maintenant à jeter un voile sur la brutalité de ces textes. Je sais que de subtils interprètes marxistes disent que Marx et Engels n'ont entendu parler que d'une paupérisation « relative ». Ainsi, quand les théologiens veulent mettre d'accord les textes de la Bible avec la réalité scientifiquement constatée, ils disent que dans la genèse, le mot *jour* désigne une période géologique de plusieurs millions d'années. Je n'y contredis point. Ce sont des élégances et des charités d'exégèse qui permettent de passer sans douleur du dogme longtemps professé à la vérité mieux connue.

Et puisque des esprits « révolutionnaires » ont besoin de ces ménagements, qui songerait à les contrarier ? Pourtant si Marx n'avait voulu parler que d'une paupérisation relative, comment aurait-il conclu que le capitalisme ferait tomber ses esclaves au-dessous même du minimum vital et les contraindrait ainsi, par une suite de réflexes irrésistibles, à faire s'effondrer violemment la bourgeoisie ?

On a dit aussi que Marx et Engels avaient voulu seulement définir la tendance abstraite du capitalisme, ce que deviendrait la société bourgeoise par sa propre loi si l'organisation ouvrière ne contrariait point, par un effort inverse, cette tendance d'oppression et de dépression. Et certes comment Marx, qui faisait du prolétariat l'essence même et la forme vivante du socialisme, aurait-il méconnu cette action prolétarienne ? Mais il semble que dans la pensée de Marx, cette action, tout en assurant en effet au prolétariat quelques avantages économiques partiels, se résume surtout à accroître sa conscience de classe, à développer en lui le sentiment de ses maux et celui de sa force. « Mais le développement de l'industrie ne fait pas qu'augmenter en nombre le prolétariat. Il agglomère le prolétariat en masses plus denses, et sa force en est grandie avec le sentiment qu'il en a. Les différences dans les intérêts et dans le genre de vie se nivellent entre les catégories diverses du prolétariat lui-même, à mesure que l'outillage mécanique détruit les différences dans le genre de travail et réduit presque partout le salaire à un niveau d'une égale modicité. Mais ce salaire des ouvriers subit des oscillations de jour en jour plus fréquentes, du fait de la concurrence croissante que les bourgeois se font entre eux, et qui entraîne des crises commerciales. La condition entière de l'ouvrier est de plus en plus mise en question à mesure que s'accélèrent le développement et l'amélioration incessante du machinisme. De plus en plus alors les collisions entre l'ouvrier individuel et le bourgeois individuel prennent le caractère de collisions entre deux classes. Le début, c'est que les ouvriers commencent à former des coalitions contre les bourgeois. L'objet de leur union est la défense de leur salaire. Ils vont jusqu'à fonder des associations durables dans le but d'accumuler des munitions pour des soulèvements éventuels. Par endroits, la lutte éclate en émeutes.

Parfois les ouvriers remportent une victoire, mais passagère. Le bénéfice véritable de ces luttes n'est pas celui qui donne le succès immédiat. Il consiste dans l'union qui se propage de plus en plus entre les ouvriers. Cette union est facilitée par les moyens de communication multipliés que la grande industrie crée et qui permettent aux ouvriers de localités différentes d'entrer en relations mutuelles. Or dès que cette union est faite, la multiplicité des luttes locales du même ordre se transforme en une lutte nationale unique, à direction centralisée, en une lutte de classe. Mais toute lutte de classe est une lutte politique. L'union que les bourgeois du moyen-âge quand ils ne disposaient que de chemins vicinaux, mirent des siècles à réaliser, les prolétaires modernes, grâce aux chemins de fer, la réalisent en peu d'années.

Cette organisation toutefois, qui crée une classe prolétarienne et, par suite, un parti politique prolétarien, à tout instant se brise à nouveau par la concurrence des ouvriers entre eux. Mais toujours aussi elle se redresse plus forte, plus ferme, plus puissante. En tirant parti des dissentiments internes de la bourgeoisie, elle parvient à faire reconnaître de force, et par la loi, quelques-uns des intérêts des travailleurs. Ainsi pour la loi sur la journée de dix heures en Angleterre. »

Si j'ai reproduit ce génial tableau du mouvement ouvrier moderne, ce n'est pas pour en discuter chaque trait : il y aurait en plusieurs points, et notamment sur le nivellement des salaires, bien des réserves à faire. Mais j'ai voulu que le lecteur pût se poser utilement la question que je me pose ici moi-même : dans quelle mesure Marx a-t-il admis que l'organisation économique et politique des prolétaires faisait échec à la tendance de paupérisation qui est, selon lui, la loi même du capitalisme ? Je crois qu'on peut répondre : dans une mesure très faible. Sans doute, les ouvriers ainsi groupés en classe et en parti remportent, surtout grâce aux divisions de la classe possédante, quelques avantages partiels : mais il semble bien que leur union dans le combat est le seul bénéfice substantiel qu'ils retirent du combat même. Donc la force de cohésion et de protestation des ouvriers s'accroît en vue d'un soulèvement général ; leurs chances s'accroissent de mener à bien le mouvement révolutionnaire et de précipiter l'effondrement de la bourgeoisie. Mais en fait, et dans le fond même de leur vie actuelle, ils subissent, en n'y opposant que de trop faibles contrepoids, la loi de paupérisation prolétarienne. C'est même sans doute cette contradiction entre la paupérisation croissante subie par le prolétariat et la force croissante de revendication et d'action qui s'organise en lui qui apparaît à Marx comme le ressort des grands soulèvements prochains, comme la force immédiate de révolution. Les améliorations concrètes obtenues par l'effort ouvrier ne compensent qu'imparfaitement la dépréciation concrète que subit la vie ouvrière par la loi de la production bourgeoise. Dans le conflit des tendances qui se disputent le prolétariat, la tendance déprimante a la primauté dans le présent ; c'est elle surtout qui agit sur la condition réelle de la classe ouvrière.

Et puisqu'on parle de tendances, c'est dans ce sens qu'inclinait visiblement toute la pensée de Marx et de Engels. Je dirai presque que Marx avait besoin d'un prolétariat infiniment appauvri et dénué, dans sa conception dialectique de l'histoire moderne. Le prolétariat, pour être dans la dialectique hégélienne de Marx le moment humain, pour être vraiment l'idée même de l'humanité, devait à ce point être dépouillé de tout droit social, que l'humanité seule, infinie en détresse et en droit, subsistât en lui. Et comment pourrait-on se flatter de comprendre Marx sans descendre aux origines dialectiques, aux sources profondes de sa pensée ? Sa *Critique de la philosophie hégélienne du droit*, parue en 1844 dans les *Annales germano-françaises*, est à cet égard un document décisif. « Où est donc, dit-il, la possibilité positive de l'émancipation allemande ? Réponse : dans la formation d'une classe avec des chaînes radicales, d'une classe de la société bourgeoise, qui ne soit pas une classe de la société bourgeoise, d'un état, qui soit la dissolution de tout état, d'une sphère qui ait un caractère universel par la souffrance universelle et qui ne revendique aucun droit particulier, parce que ce n'est point une injustice particulière, mais l'injustice totale qui est accomplie sur lui, qui ne puisse faire appel à aucun titre historique, mais seulement au titre d'humanité, qui soit non pas en opposition particulière avec telle ou telle conséquence, mais en opposition générale avec tous les principes de l'État allemand, d'une sphère enfin qui ne puisse s'émanciper elle-même, sans s'émanciper de toutes les autres sphères de la société, et sans émanciper par là toutes les autres sphères de la société, qui, en un mot, soit la perte totale de l'homme, et qui ne puisse par conséquent se retrouver elle-même que par l'entière restitution de l'homme. »

J'entends bien que c'est de l'Allemagne que parle ici Marx, et des conditions particulières de son affranchissement. Je sais qu'il reconnaît aux classes sociales de la France un plus haut idéalisme historique, qu'elles ont, selon lui, l'habitude de se considérer comme les gardiennes de l'intérêt universel et qu'il suffira en France, pour que s'accomplisse l'entière émancipation, que cette action idéaliste passe de la bourgeoisie, en qui la mission humaine est limitée et contrariée par des soucis de propriété, au prolétariat français, en qui la mission humaine peut développer sans obstacle son universalité.

Oui, c'est de l'Allemagne et du prolétariat allemand qu'il s'agit. Mais qui ne voit que, malgré les différences ethniques et historiques, il est pour Marx une figure du prolétariat et même, par son absolu dénuement, la figure suprême ? C'est donc sous une transposition hégélienne du christianisme que Marx se représente le mouvement moderne d'émancipation. De même que le Dieu chrétien s'est abaissé au plus bas de l'humanité souffrante pour relever l'humanité toute entière, de même que le sauveur, pour sauver en effet tous les hommes, a dû se réduire à ce degré de dénuement tout voisin de l'animalité, au-dessous duquel ne se pouvait rencontrer aucun homme, de même que cet abaissement infini de Dieu était la condition du relèvement infini de l'homme, de même dans la dialectique de Marx, le prolétariat, le Sauveur moderne, a dû être dépouillé de toute garantie, dévêtu de tout droit, abaissé au plus profond du néant historique et social, pour relever en se relevant toute l'humanité. Et comme le dieu-homme, pour rester dans sa mission, a dû rester pauvre, souffrant et humilié jusqu'au jour triomphal de la résurrection, jusqu'à cette victoire particulière sur la mort qui a affranchi de la mort toute l'humanité, ainsi le prolétariat reste d'autant mieux dans sa mission dialectique, que, jusqu'au soulèvement final, jusqu'à la résurrection révolutionnaire de l'humanité, il porte, comme une croix toujours plus pesante, la loi essentielle d'oppression et de dépression du capitalisme. De là évidemment, chez Marx, une tendance originelle à accueillir difficilement l'idée d'un relèvement partiel du prolétariat. De là une sorte de joie, où il entre quelque mysticité dialectique, à constater les forces d'écrasement qui pèsent sur les prolétaires.

Marx se trompait. Ce n'est pas du dénuement absolu que pouvait venir la libération absolue. Quelque pauvre que fût le prolétaire allemand, il n'était pas la pauvreté suprême. D'abord dans l'ouvrier moderne il y a d'emblée toute la part d'humanité conquise par l'abolition des sauvageries et des barbaries premières, par l'abolition de l'esclavage et du servage. Puis, quelque médiocres que fussent en effet à ce moment les titres historiques propres des prolétaires allemands, ils n'en étaient point tout à fait démunis. Leur histoire, depuis la Révolution française, n'était pas tout à fait vide. Et surtout, par leur sympathie pour l'action émancipatrice des prolétaires français, des ouvriers du 14 juillet, des 5 et 6 octobre, du 10 août, des sections parisiennes, ils avaient une part dans les titres historiques du prolétariat français, devenus des titres universels, comme la Déclaration des Droits de l'homme avait été un symbole universel, comme la chute de la Bastille avait été une délivrance universelle. Au moment même où Marx écrivait pour le prolétariat allemand ces paroles de mystique abaissement et de mystique résurrection, les prolétaires allemands, comme d'ailleurs Marx lui-même, tournaient leur cœur et leurs yeux vers la France, vers la grande patrie des titres historiques du prolétariat. Mais quoi d'étrange que Marx, avec cette conception dialectique première, ait accordé la primauté, dans l'évolution capitaliste, à la tendance de dépression ? Quoi d'étonnant que dans le *Capital*encore il ait écrit que « l'oppression, l'esclavage, l'exploitation, la misère, s'accroissaient », mais aussi « la résistance de la classe ouvrière, sans cesse grossissante et de plus en plus disciplinée, unie et organisée par le mécanisme même de la production capitaliste », mettant encore ici en balance une force de dépression qui agit immédiatement et une force de résistance et d'organisation qui semble surtout préparer l'avenir ?

Engels, lui, s'est fait de l'inflexibilité du système capitaliste, de son impuissance à s'adapter à la moindre réforme, une idée si rigide et si stricte qu'il commet dans l'interprétation des mouvements sociaux les plus graves et les plus décisives erreurs. Il est difficile d'imaginer des méprises plus lourdes que celles qu'il commet à chaque pas dans son livre célèbre sur *la situation des classes laborieuses en Angleterre.* Il a vu partout des incompatibilités, des impossibilités, des contradictions insolubles et qui ne pouvaient se résoudre que par la Révolution. Il annonce en 1845, comme imminente et absolument inévitable en Angleterre, une Révolution ouvrière et communiste, qui sera la plus sanglante qu'ait vue l'histoire. Les pauvres égorgeront les riches et brûleront les châteaux. Il n'y a pas de doute possible à cet égard. « Nulle part il n'est aussi facile de prophétiser qu'en Angleterre, parce qu'ici tous les développements sociaux sont d'une netteté et d'une acuité extrêmes. La révolution *doit* venir, et il est déjà trop tard pour introduire une solution pacifique. » Étrange vue sur ce pays d'Angleterre, si habile toujours aux évolutions et aux compromis ! Il pousse si loin son intransigeance sociale qu'il en arrive à tenir sur les grandes questions précises qui sont posées à ce moment le langage des conservateurs les plus têtus. Comme à eux, tout progrès politique et social lui paraît impossible dans le système présent. Les chartistes acculent l'Angleterre ou à l'abîme ou à l'entière révolution communiste. Ils demandent le suffrage universel : mais il est inconciliable avec la monarchie ; ils demandent la journée de dix heures : mais elle est inconciliable dans le système capitaliste avec les exigences de la production ; et son effet, vraiment excellent, sera d'obliger l'Angleterre à entrer sous peine de ruine dans des voies toutes nouvelles. « Les arguments d'économie nationale des fabricants, écrit Engels, que le bill des dix heures accroîtra les frais de production, que par là l'industrie anglaise sera rendue incapable de lutter contre la concurrence étrangère, que le salaire du travail tombera nécessairement, sont à moitié vrais : mais ils ne prouvent qu'une chose, c'est que la grandeur industrielle de l'Angleterre ne peut être maintenue que par le traitement barbare infligé aux ouvriers, par la destruction de la santé, par la décadence sociale, physique et intellectuelle de générations entières. Naturellement si la journée de dix heures devenait une mesure légale définitive, l'Angleterre serait ruinée par là ; mais parce que cette loi entraînerait nécessairement après elle d'autres mesures, qui obligeraient l'Angleterre à entrer dans une voie tout autre que celle qui a été suivie jusqu'ici, cette loi sera un progrès. »

Quel esprit de défiance à l'égard des réformes partielles ! Quelles limites étroites assignées aux facultés de transformation du régime industriel ! Et quand en 1892, cinquante ans après, Engels réédite ce livre, il ne songe pas un moment à se demander par quel vice de pensée, par quelle erreur systématique il a été induit à des idées aussi fausses sur le mouvement politique et social de l'Angleterre. Il aime mieux se complaire dans une œuvre que l'histoire a presque toute démentie. Il est donc tout naturel de supposer que Engels, avec cette façon première de comprendre les choses, a incliné toujours, comme Marx, à donner aux forces de dépression qui abaissent en régime capitaliste la classe ouvrière, la primauté sur les forces de relèvement.

Mais, quelle que soit l'interprétation donnée sur ce point à la pensée incertaine et obscure de Marx et de Engels, il importe peu. L'essentiel, c'est que nul des socialistes, aujourd'hui, n'accepte la théorie de la paupérisation absolue du prolétariat. Les uns ouvertement, les autres avec des précautions infinies, quelques-uns avec une malicieuse bonhomie viennoise, tous déclarent qu'il est faux que dans l'ensemble la condition économique matérielle des prolétaires aille en empirant. Des tendances de dépression et des tendances de relèvement, ce ne sont pas au total, et dans la réalité immédiate de la vie, les tendances dépressives qui l'emportent. Dès lors il n'est plus permis de répéter après Marx et Engels que le système capitaliste périra parce qu'il n'assure même pas à ceux qu'il exploite le minimum nécessaire à la vie. Dès lors encore, il devient puéril d'attendre qu'un cataclysme économique menaçant le prolétariat dans sa vie même provoque, sous la révolte de l'instinct vital, « l'effondrement violent de la bourgeoisie ». Ainsi, les deux hypothèses, l'une historique, l'autre économique, d'où devait sortir, dans la pensée du *Manifeste communiste*, la soudaine Révolution prolétarienne, la Révolution de dictature ouvrière, sont également ruinées.

Ni il n'y aura dans l'ordre politique une révolution bourgeoise que le prolétariat révolutionnaire puisse soudain chevaucher ; ni il n'y aura dans l'ordre économique un cataclysme, une catastrophe qui, sur les ruines du capitalisme effondré, suscite en un jour la domination de classe du prolétariat communiste et un système nouveau de production. Ces hypothèses n'ont pas été vaines. Si le prolétariat n'a pu se saisir d'aucune des révolutions bourgeoises, il s'est poussé cependant depuis cent vingt années à travers les agitations de la bourgeoisie révolutionnaire, et il continuera encore, sous les formes nouvelles que développe la démocratie, à tirer parti des inévitables conflits intérieurs de la bourgeoisie. S'il n'y a pas eu réaction totale et révolutionnaire de l'instinct vital du prolétariat sous un cataclysme total du capitalisme, il y a eu d'innombrables crises qui, en attestant le désordre intime de la production capitaliste, ont naturellement excité les prolétaires à préparer un ordre nouveau. Mais où l'erreur commence, c'est lorsqu'on attend en effet la chute soudaine du capitalisme et l'avènement soudain du prolétariat ou d'un grand ébranlement politique de la société bourgeoise, ou d'un grand ébranlement économique de la production bourgeoise.

Ce n'est pas par le contre-coup imprévu des agitations politiques que le prolétariat arrivera au pouvoir, mais par l'organisation méthodique et légale de ses propres forces sous la loi de la démocratie et du suffrage universel. Ce n'est pas par l'effondrement de la bourgeoisie capitaliste, c'est par la croissance du prolétariat que l'ordre communiste s'installera graduellement dans notre société. À quiconque accepte ces vérités désormais nécessaires, des méthodes précises et sûres de transformation sociale et de progressive organisation ne tardent pas à apparaître. Ceux qui ne les acceptent pas nettement, ceux qui ne prennent pas vraiment au sérieux les résultats décisifs du mouvement prolétarien depuis un siècle, ceux qui rétrogradent jusqu'au *Manifeste communiste* si visiblement dépassé par les événements, ou qui mêlent aux pensées directes et vraies que la réalité présente leur suggère des restes de pensées anciennes d'où la vérité a fui, ceux-là se condamnent eux-mêmes à vivre dans le chaos.

Mais je ne pourrais justifier dans le détail cette affirmation générale que par l'analyse minutieuse de toutes les tendances présentes du socialisme français et du socialisme international. Je ne pourrais aussi légitimer pleinement la méthode que j'ai indiquée que par des applications précises et par l'exposé d'un programme « d'évolution révolutionnaire » Ce sera l'objet d'une œuvre plus systématique et plus liée que les études fragmentaires qu'à votre demande, mon cher Péguy, je soumets dès maintenant aux lecteurs de bonne foi, curieux, en ces questions difficiles, même d'un modeste commencement de clarté.

Je ne veux, dans cette introduction, ajouter qu'un mot, qui a un rapport direct à l'objet du volume. Quelques-uns de nos contradicteurs disent volontiers que cette méthode d'évolution soumise à la loi de la démocratie risque d'affaiblir et d'obscurcir l'idéal socialiste. C'est exactement le contraire. Ce sont les appels déclamatoires à la violence, c'est l'attente quasi-mystique d'une catastrophe libératrice qui dispensent les hommes de préciser leur pensée, de déterminer leur idéal. Mais ceux qui se proposent de conduire la démocratie, par de larges et sûres voies, vers l'entier communisme, ceux qui ne peuvent compter sur l'enthousiasme d'une heure et sur les illusions d'un peuple excité, ceux-là sont obligés de dire avec la plus décisive netteté vers quelle forme de société ils veulent acheminer les hommes et les choses, et par quelle suite d'institutions et de lois ils espèrent aboutir à l'ordre communiste. Plus le parti socialiste se confondra dans la nation par l'acceptation définitive de la démocratie et de la légalité, plus il sera tenu de marquer sa conception propre : et à travers l'atmosphère moins agitée le but final se dessinera mieux. Sous peine de se perdre dans le plus vulgaire empirisme et de se dissoudre dans un opportunisme sans règle et sans objet, il devra ordonner toutes ses pensées, toute son action en vue de l'idéal communiste. Ou plutôt cet idéal devra être toujours présent et toujours discernable en chacun de ses actes, en chacune de ses paroles. Je ne sais si Bernstein n'a pas été conduit, par la nécessité de la polémique, à éclairer surtout le côté critique de son œuvre. Ce serait en tout cas une grande erreur et une grande faute de paraître dissoudre dans les brumes de l'avenir le but final du socialisme. Le communisme doit être l'idée directrice et visible de tout le mouvement. Le socialisme « critique » doit être, plus que tout autre, agissant et constructif. Et une des formes premières de l'action c'est de dissiper les équivoques dont les partis extrêmes de la démocratie bourgeoise leurrent encore les esprits... Démêler les sophismes et dénoncer les contradictions du radicalisme bourgeois est peut-être le premier devoir de ceux qui veulent conquérir légalement, à toute l'idée socialiste et communiste, la démocratie. C'est tout naturellement que j'ai été conduit, après avoir esquissé à grands traits la méthode d'évolution révolutionnaire, à demander au parti radical ce qu'il entend par sa fameuse formule de la « propriété individuelle ». Ce n'est là, bien entendu, qu'une très faible partie de l'examen critique auquel les équivoques et les contradictions radicales devront être soumises par notre parti.

M Maxime Leroy, dans *La Revue blanche*, m'a fait quelques objections : il me dit que l'usufruit, l'usage, l'habitation, l'hypothèque, la copropriété des gros murs et escaliers, etc., sont des droits anciens qui n'impliquent en aucune manière un droit social nouveau.

Mais il y a un malentendu. Je n'ai jamais dit que ce fussent là des formes nouvelles, encore moins des ébauches de copropriété sociale. J'ai au contraire toujours rappelé que c'était au profit d'autres individus qu'était limité le droit de l'individu. Mais il reste vrai que la propriété, même individuelle, est extrêmement complexe, qu'elle est formée de droits très divers, tantôt réunis dans la main d'un seul individu, tantôt dispersés dans les mains de plusieurs ; qu'elle est bien loin d'être un bloc indécomposable et une quantité simple, qu'il y a dès lors quelque enfantillage à se donner, *in abstracto*, comme le défenseur de la propriété individuelle, et qu'on est mal fondé en outre à nous reprocher l'extrême complication du concept de la propriété communiste, qui enveloppera le droit de la nation, le droit des groupes intermédiaires et le droit des individus. C'est là, en ce point, tout ce que j'ai voulu démontrer.

M Leroy dit : « Ce qu'il faut constater, c'est que toutes les législations ont apporté des restrictions au droit de propriété individuelle comme à tous les droits individuels... L'individualisme juridique absolu ne peut être qu'une entité métaphysique. »

Sans doute : mais ce que je note, c'est d'abord que la Révolution française elle-même, malgré sa préoccupation individualiste, a porté à la propriété individuelle, dans l'ordre de l'héritage, une atteinte sans précédent. M Leroy me dit que « le principe de l'égalité des partages était un principe coutumier déjà appliqué en Germanie et dans la Grèce d'avant Solon ». Il y aurait sans doute beaucoup à dire sur cet objet : mais quelle distance entre ces coutumesanciennes et la législation vigoureuse de la Convention ! Et surtout, comment M Leroy n'a-t-il pas vu que ce qui fait l'intérêt de la législation révolutionnaire c'est son apparente antinomie ? C'est au nom du droit des individus et pour le sauvegarder, que la révolution est obligée de constituer un domaine familial commun et intangible. L'individualisme concret se traduit ici par un communisme familial : de même, lorsque la société aura souci de *tous les individus*, lorsqu'elle verra et protégera en eux contre toutes les usurpations, non pas les héritiers désignés de tel ou tel patrimoine familial, mais les héritiers du patrimoine humain, c'est le communisme social qui sera la forme suprême et la suprême garantie de ce haut individualisme universel. Que ce soit la logique individualiste qui ait abouti au collectivisme familial, voilà qui est nouveau dans le monde et je m'étonne que M Leroy me rappelle aux forêts de la Germanie.

En second lieu, ce que j'ai noté c'est que dans cette société individualiste la propriété individuelle subit un refoulement incessant et une incessante dénaturation. M Leroy en convient pour toute une catégorie de lois : « Aussi, dit-il, c'est moins dans le Code civil de 1804, qui n'est que le proche passé remanié, qu'il faut chercher le droit nouveau, que dans les lois sociales postérieures qui, ainsi que le remarque M Jaurès, constituent, elles, de véritables dépossessions dans un sens collectiviste : droit de grève, inspection du travail, etc. » Cela est très important et suffirait à montrer la frivolité et l'inconsistance doctrinale des radicaux, qui se proclament contre nous les sauveurs de la propriété individuelle et qui ne paraissent pas se douter que les lois sociales auxquelles ils consentent sous l'action de la classe ouvrière en sont une perpétuelle restriction. Mais s'il serait puéril de chercher dans le Code Napoléon les traits du droit nouveau, il y a intérêt à montrer que, même dans le Code civil, même en dehors de la législation sociale que la classe ouvrière a peu à peu imposée, la propriété individuelle a des facultés presque illimitées de décomposition, qu'elle se prête à toutes sortes de démembrements et que les rapports mêmes des propriétés individuelles se marquent par de réciproques expropriations partielles.

Aussi bien M Leroy fait vraiment trop bon marché du sens révolutionnaire et communiste latent du droit d'expropriation pour cause d'utilité publique : « Le droit supérieur que la société s'arroge sur les propriétés privées n'est que la reprise, dans un sens démocratique, du droit de propriété éminent du roi sur tous les biens du royaume. » Peut-être, quoique la Révolution assignât d'autres origines à ce droit. Mais ce qui est important, précisément, c'est la reprise de ce droit *dans un sens démocratique.* Car cette reprise démocratique pourra être continuée et agrandie dans le sens socialiste. Et comment peut-il paraître indifférent à M Leroy que la société bourgeoise, entraînée par la puissance des intérêts capitalistes, ait peu à peu donné à ce droit d'expropriation, sous les yeux du prolétariat qui médite et qui attend, une extension croissante ? Pendant que les radicaux disent : « Propriété individuelle », le capitalisme lui-même fortifie et assouplit l'outil juridique d'expropriation dont le prolétariat fera usage à l'égard de tout le système bourgeois. Voilà ce que j'avais le droit de marquer : et il me semble que, si on prend toute ma démonstration dans son vrai sens, elle résiste pleinement aux objections de M Leroy, que je remercie d'ailleurs de la forme courtoise et presque amicale qu'il leur a donnée.

Je m'arrête, mon cher Péguy, en me félicitant une fois de plus, quelles que soient nos divergences en bien des questions ou à raison de ces divergences mêmes, d'être en communication directe de pensée avec les libres esprits que votre initiative et votre critique toujours en éveil ont groupés autour des *Cahiers de la Quinzaine.*

Jean Jaurès

Préface

RÉPUBLIQUE ET SOCIALISME

Il y a onze ans, au moment où la démocratie socialiste allemande élaborait son programme, le projet de programme qui devait être bientôt adopté à Erfurt fut soumis à Engels, l'ami survivant de Marx. Engels fit de graves objections à la partie politique de ce programme. Il la trouvait timide, inconsistante et inefficace. On parle, disait-il, de suffrage universel direct, de referendum et d'initiative populaire. Mais à quoi cela peut-il servir tant que la constitution même de l'Allemagne est absolutiste, et tant que l'Allemagne, morcelée en petits états où domine la volonté des princes, n'offre pas à la volonté de la nation un champ libre et uni ? Comment peut-on, avec une pareille constitution politique, espérer un passage régulier et tranquille du capitalisme au socialisme ?

Ici je cite textuellement, d'après la lettre de Engels qui vient d'être trouvée dans les papiers de Liebknecht et que publie la revue de Kautsky, la *Neue Zeit* :

« On se dit à soi-même et au parti que la société d'aujourd'hui va vers le socialisme par une évolution interne, et on ne se demande pas si, par cette évolution même, elle ne brisera point les formes, les enveloppes de la constitution actuelle.

On parle comme si l'Allemagne n'avait point à s'évader des chaînes d'un ordre politique absolutiste et chaotique. *Il est permis de se représenter que la vieille société pourra se transformer pacifiquement en la nouvelle dans les pays où la représentation du peuple concentre en soi tous les pouvoirs, où l'on peut faire constitutionnellement ce que l'on veut dès qu'on a la majorité du peuple derrière soi, dans les Républiques démocratiques comme la France et l'Amérique*, dans les monarchies comme l'Angleterre où la dynastie est impuissante contre le peuple. Mais en Allemagne, où le gouvernement est presque tout-puissant et où le Reichstag et les autres corps représentatifs sont destitués de pouvoir réel, tenir un pareil langage c'est se lier à l'absolutisme tout nu.

Si une chose est certaine, c'est que notre parti et la classe ouvrière ne peuvent arriver au pouvoir que sous la forme de la République démocratique. Celle-ci est la forme spécifique de la dictature du prolétariat, comme l'a montré déjà la grande Révolution française. *On ne peut pas se représenter que nos meilleurs militants deviennent ministres sous un empereur, comme Miquel.* »

*

* *

De ces remarquables paroles de Engels, je ne veux retenir aujourd'hui que deux points. Le premier, c'est que, pour l'illustre ami de Marx, la République démocratique n'est pas, comme le disent si souvent chez nous de prétendus doctrinaires du marxisme, une forme purement bourgeoise, qui importe aussi peu au prolétariat que toute autre forme gouvernementale. Mais la République est, selon Engels, la forme politique du socialisme : elle l'annonce, elle le prépare, elle le contient même déjà en quelque mesure, puisque seule elle y peut conduire par une évolution légale, sans rupture de continuité.

C'est donc nous qui étions fidèles à la véritable pensée marxiste, lorsque dans la crise des libertés françaises nous avons défendu la République contre tous ses ennemis. Et ceux qui, sous prétexte de révolution et de pureté doctrinale, se réfugiaient tristement dans l'abstention politicienne, ceux-là désertaient la pensée socialiste. Ils désertaient aussi la tradition révolutionnaire du prolétariat français. Engels parle de la République de 1793, de cette Révolution que quelques socialistes français déclarent exclusivement bourgeoise, et qui à un moment fut, selon Engels, l'instrument approprié de la dictature prolétarienne. Or, avant-hier, en cherchant aux Archives, avec Gabriel Deville, des documents sur la Révolution, j'y ai lu avcc un trcssaillcmcnt dc joic cc fragmcnt d'un journal dc Babcuf. Babeuf se félicite d'avoir défendu la Révolution et la République, même quand elles étaient aux mains des persécuteurs du peuple. Il se félicite d'avoir sauvé la République au risque même de sauver en même temps les hommes indignes qui la représentaient : « Oui, dit-il, si les royalistes n'ont pas triomphé au 13 vendémiaire, c'est que, dans ce grand danger de la liberté publique, les démocrates sentirent que, pour un intérêt aussi sacré, ils devaient, au péril de leurs jours, sauver ceux de leurs persécuteurs qui l'avaient tant trahie, mais ne pouvaient périr eux-mêmes sans qu'elle succombât. » Admirables paroles, et qui crient contre le citoyen Vaillant. Elles ne laissent rien subsister des prétextes par lesquels il essayait de couvrir son abstention et sa politique d'équilibre aux jours du péril républicain, dans la crise boulangiste et dans la crise nationaliste. C'est par une usurpation de titre qu'il prétend se rattacher au babouvisme ; c'est nous qui avons été, en ces jours troublés, fidèles au communisme révolutionnaire de la France.

*
* *

Mais les paroles de Engels nous révèlent encore à quel point les socialistes allemands se préoccupaient des moyens de réaliser le communisme. Engels regrette passionnément qu'il n'y ait pas une République allemande. Et il laisse entrevoir qu'autant il lui répugnerait de voir des socialistes ministres sous un empereur, autant il lui paraîtrait naturel qu'ils prissent part à la direction gouvernementale d'une république démocratique évoluant vers le socialisme. Liebknecht, comme on le verra par les fragments cités, allait plus loin, puisqu'il prévoyait la participation des socialistes au gouvernement, même sous la constitution impériale ; mais quoi qu'il en soit de la question ministérielle, tout à fait secondaire, le problème qui les obsédait tous était celui-ci : comment passer de la société bourgeoise à la société communiste ? Par quels chemins ? Par quelle évolution ? C'est là, j'ose le dire, le problème qui est toujours présent à notre pensée. C'est à la solution théorique et pratique de ce problème que nous avons donné, sans réserve et sans retour, tout notre effort d'esprit, tout notre effort d'action.

Un moment, dans l'éblouissement de la grande victoire socialiste de 1893, dans le juste orgueil de l'action croissante exercée par notre parti, j'ai cru le triomphe total et final plus voisin de nous qu'il ne l'était. Que de fois alors le citoyen Vaillant m'avertissait de ne point me laisser aller à cette illusion dangereuse ! Que de fois alors nous a-t-il mis en garde contre les prophéties à court terme de Guesde et la mystique attente des catastrophes libératrices ! Mais même dans cette période d'espérance toute prochaine et enflammée, je n'ai jamais négligé l'œuvre de réforme, et toujours je m'efforçais de donner à nos projets de réforme une orientation socialiste. Je n'y voyais pas seulement des palliatifs aux misères présentes, mais un commencement d'organisation socialiste, des germes de communisme semés en terre capitaliste. Lorsque je repris les cahiers des paysans révolutionnaires de 1789 et demandai que l'état préludât, par le monopole d'importation des blés, à l'institution d'un service public d'approvisionnement que les syndicats ouvriers et paysans eussent géré avec la nation elle-même ; lorsque je demandai, dans le grand et long débat sur le sucre, la socialisation des raffineries et des fabriques de sucre, qui eussent été administrées, sous le contrôle de la nation, par la classe ouvrière organisée, contractant, pour l'achat de la betterave, avec des syndicats de producteurs paysans et avec des ouvriers agricoles assurés d'un minimum de salaire ; lorsque je demandai l'expropriation des mines, dont la direction eût été confiée à un conseil du travail comprenant des représentants de l'état, des représentants de toute la classe ouvrière et des ouvriers mineurs, je ne me préoccupais pas seulement de limiter la puissance capitaliste, et d'élever la condition des prolétaires ; je me préoccupais surtout d'introduire jusque dans la société d'aujourd'hui des formes nouvelles de propriété, à la fois nationales et syndicales, communistes et prolétariennes, qui fissent peu à peu éclater les cadres du capitalisme. C'est dans cet esprit que lorsque la verrerie ouvrière fut fondée, je pris délibérément parti contre les amis de Guesde, qui, dans les réunions préparatoires tenues à Paris, voulaient la réduire à n'être qu'une verrerie aux verriers, simple contrefaçon ouvrière de l'usine capitaliste. Je soutins de toutes mes forces ceux qui voulurent en faire et qui en ont fait la propriété commune de toutes les organisations ouvrières, créant ainsi le type de propriété qui se rapproche le plus, dans la société d'aujourd'hui, du communisme prolétarien. J'étais donc toujours dirigé par ce que Marx a nommé magnifiquement *l'évolution révolutionnaire.*

Elle consiste, selon moi, à introduire dans la société d'aujourd'hui des formes de propriété qui la démentent et qui la dépassent, qui annoncent et préparent la société nouvelle, et par leur force organique hâtent la dissolution du monde ancien. Les réformes ne sont pas seulement, à mes yeux, des adoucissants : elles sont, elles doivent être des préparations.

*
* *

Voilà la pensée qui m'a animé dès le début de la bataille. Voilà la méthode de réalisation socialiste que j'ai pratiquée en cinq années de vie parlementaire qui ne furent qu'un long labeur et un long combat. Et puisqu'enfin on m'oblige à parler de moi, puisqu'on m'oblige à défendre cette part de la confiance du peuple que je n'avais conquise et que je ne veux garder qu'au profit de la Révolution, je dis bien haut qu'à cette méthode et à cette pensée, je suis pleinement resté fidèle.

J'ai vu, il y a quatre ans, par l'odieux soulèvement d'ignorance et de barbarie, par le triste fléchissement des volontés et des consciences, qu'il ne suffisait pas de pousser et de percer vers le socialisme, qu'il fallait encore raffermir la liberté républicaine ébranlée. Quand l'ouvrier mineur, qui enfonce son pic dans la houille et qui la détache bloc à bloc, s'aperçoit soudain que la galerie est ébranlée, que les appuis fléchissent et que le plafond s'abaisse, il dépose un moment le pic, et il raffermit les appuis. Dira-t-on qu'il s'est arrêté dans sa marche et qu'il a quitté le vigoureux outil offensif ? Non, il a au contraire assuré la suite et le progrès de son travail.

J'ai vu aussi par Lille, Roubaix, Paris, Carmaux, Rive-de-Gier, que la puissance capitaliste était grande encore, plus grande et plus résistante que Guesde ne nous l'avait dit. Et j'ai compris qu'il nous faudrait un long et immense effort, une longue suite d'œuvres, pour désarmer les préjugés les plus violents, et pour pénétrer les consciences. Et il ne m'a pas paru indifférent, pour dissiper une part des préjugés hostiles, que la société bourgeoise fût obligée elle-même, en une heure de crise, d'appeler un socialiste à une part du pouvoir. Je crois que, quoi qu'il advienne et quand même l'expérience ne serait jamais reprise, cet événement, dans un avenir prochain, servira la propagande de tous. J'ai cru, même à travers des circonstances difficiles, qu'il valait la peine de laisser cette combinaison prendre par sa durée une importance historique. Je pense encore qu'il serait funeste d'y mettre fiévreusement un terme.

Mais ce n'est pas seulement pour obéir aux décisions de principe de nos congrès, c'est par l'effet d'une conviction personnelle très réfléchie, que je dis très nettement qu'il me paraîtrait mauvais de faire entrer le Parti socialiste dans les combinaisons gouvernementales qui suivront. Il faut d'abord que le Parti socialiste se donne à lui-même le temps de juger à distance les effets bons et mauvais de la participation. Il faut qu'il puisse situer les événements dans une juste perspective. Et il faut aussi qu'il réserve d'abord tout son effort à déployerdevant le Parlement et devant le pays son programme d'action agrandi et renouvelé. Il le fera avec l'autorité plus pressante que lui donne maintenant le rôle décisif joué par lui dans de grandes crises de la liberté et de la nation. Il le fera devant des esprits moins brutalement prévenus, plus ouverts aux libertés nouvelles. Il le fera sans se désintéresser un moment des parcelles de réformes qu'il pourra obtenir du gouvernement républicain, sans stériliser par une opposition systématique le ministère où il ne sera pas représenté, mais avec le souci de donner toujours toute la mesure de sa pensée.

L'heure est venue en effet où le problème même de la propriété peut et doit être porté devant le Parlement, non plus par de simples déclarations théoriques, mais par de vastes projets précis et pratiques, où la socialisation nécessaire et rapide d'une grande partie de la propriété capitaliste, industrielle et foncière, prendra une forme juridique et économique définie. L'heure est venue de mettre les partis politiques bourgeois non plus en face de formules générales, mais en face d'un programme d'action profond et vaste qui pose vraiment la question de la propriété, et qui représente scientifiquement toute l'étendue de la pensée socialiste.

C'est ma juste fierté de m'être, pour ma part de militant, préparé sans trêve à cette grande tâche, aujourd'hui comme hier. J'ai travaillé sous les outrages comme sous les acclamations. Et j'ai l'assurance que le fruit de ce labeur ne sera point perdu pour le prolétariat.

13 octobre 1901

Le mouvement rural

LE MOUVEMENT RURAL

Le mouvement économique n'a pas à la campagne la même forme qu'à la ville. D'abord, la population rurale diminue, tandis que la population urbaine s'accroît. En second lieu, et ceci est très important, c'est surtout sur le prolétariat rural que porte la diminution. Il est clair que ce sont surtout les non-possédants, les journaliers, les fils de métayers qui sont entraînés vers la ville. Les petits propriétaires sont plus fortement fixés au sol.

Enfin, l'effet de la machine est exactement le contraire, à la campagne, de ce qu'il est à la ville. Dans l'industrie, la machine supprime parfois des bras, mais ce n'est que momentanément ; elle suscite des formes nouvelles d'activité, et c'est ainsi qu'à mesure que se développe le machinisme, s'accroît aussi le chiffre de la population ouvrière. Et les petits artisans étant transformés en prolétaires, l'effet de la machine est d'accroître le prolétariat industriel. Au contraire, dans l'ordre agricole, la machine, semeuse, faucheuse, moissonneuse, lieuse, batteuse, supprime purement et simplement des bras. Et ce sont les prolétaires qu'elle élimine. Les petits propriétaires ne sont pas supprimés par le machinisme comme les artisans. La machine agricole s'adapte en effet de plus en plus à la petite propriété, et bien loin de détruire le petit propriétaire, elle le dispense des frais de main-d'œuvre qu'il avait à supporter par exemple pour la moisson.

Le prolétariat rural devenant de plus en plus rare, la croissance de la grande propriété se trouve naturellement arrêtée. Et par là s'explique l'état à peu près stagnant de la propriété agricole en France.

Dans la remarquable étude qu'il a faite de la propriété rurale, Gabriel Deville concluait à un mouvement de concentration, mais lent et peu marqué. Bien des causes sembleraient devoir agir dans le sens de la grande propriété. Il est naturel, par exemple, que les capitalistes urbains soient tentés de consolider en terres une petite partie de leur fortune grandissante. De plus, il y a des branches de la production agricole qui s'industrialisent de plus en plus, comme la culture betteravière, et qui semblent devoir subir la loi de groupement de l'industrie elle-même.

Mais dans bien des régions la raréfaction de la main-d'œuvre, la diminution du prolétariat rural neutralisent toutes ces forces de développement de la grande propriété. Celle-ci a naturellement besoin d'une main-d'œuvre toujours disponible. Or, il y a des régions entières d'où les journaliers ont disparu, où les familles de métayers sont juste assez nombreuses pour suffire à l'exploitation des domaines bourgeois actuellement constitués, et où les petits propriétaires, n'ayant qu'un enfant, ne travaillent jamais en dehors de leur petit domaine.

Cela est littéralement vrai du plateau de l'Albigeois. Et, dans le vignoble autour de Gaillac, la grande propriété tend à diminuer. Le nombre des petits propriétaires vignerons possédant assez de vignes pour y trouver l'emploi de tout leur travail s'accroît. Il y a environ un tiers de la population qui ne possède pas. Ce sont ou des prolétaires qui n'ont rien, ou des prolétaires qui ne possèdent qu'un infime lambeau de vigne insuffisant à occuper leurs bras et à les faire vivre. Mais ce tiers de non-possédants a plutôt tendance à décroître, et comme, par leur nombre relativement faible et presque toujours décroissant, ces ouvriers ruraux sont mieux en état de défendre leurs salaires, comme ils ont obtenu depuis quelques années un salaire plus haut, la grande propriété n'ose pas s'étendre davantage, de peur d'avoir à compter avec une main-d'œuvre trop rare, et par conséquent trop puissante.

Notons bien que je ne prétends pas que ces traits s'appliquent à toutes les régions agricoles de France. Mais ils sont vrais dans une assez grande étendue.

Or, voici les conséquences sociales de cet état économique.

D'abord, tout naturellement, il semble malaisé d'instituer un puissant mouvement prolétarien dans les régions où la substance même de ce mouvement, c'est-à-dire le prolétariat lui-même, a une tendance à décroître. Je sais bien que dans le Midi les métayers sont nombreux encore. Et certes, ils commencent à avoir un sentiment de classe. Ils commencent à comprendre qu'une organisation sociale est possible où ils ne seraient pas réduits à percevoir la moitié des fruits du sol. Mais cet instinct de classe est souvent incertain et mêlé. Ils ne sont pas de purs prolétaires : ils possèdent une partie du capital agricole, bestiaux, machines, engrais, fourrages. Ils ont souvent une assez grande liberté dans la conduite de l'exploitation. Enfin, comme ils portent au marché la partie de leurs produits qu'ils ne consomment pas, ils ont, en ce point, le même intérêt que les propriétaires fonciers à ce que les cours du bétail, du blé, du vin, soient suffisamment élevés. Ainsi, leur intérêt *immédiat* n'est pas en opposition avec l'intérêt de la classe foncière possédante, et beaucoup de métayers ont été aisément enveloppés dans le mouvement protectionniste. En tout cas, une région où il n'y a presque pas de journaliers, de salariés agricoles proprement dits, et où presque toute la population rurale est composée ou de métayers ou de petits propriétaires, est peu favorable à un mouvement purement et exclusivement prolétarien. Il en est de même des régions, comme celle de Gaillac, où il y a deux tiers de possédants, et un tiers seulement de non-possédants ; où ce tiers est surtout préoccupé de devenir possédant à son tour et où cette prétention n'est pas absolument chimérique.

Mais si les forts mouvements prolétariens y sont plus malaisés à susciter ou à organiser qu'ailleurs, on peut dire qu'ils y seraient d'une efficacité extraordinaire. Précisément parce que la main-d'œuvre s'y fait rare, elle y pourrait facilement devenir souveraine. Il n'y a pas d'armée de réserve à qui puisse faire appel la propriété bourgeoise. Celle-ci, dans certains vignobles, est à la merci de la coalition d'un nombre assez restreint de salariés. Et si quelques familles de métayers connus, estimés, et qu'il serait impossible de remplacer en bloc, s'entendaient dans telle ou telle région, il serait difficile à la propriété bourgeoise de ne pas accepter certaines clauses de travail plus favorables aux métayers.

Il est vrai que beaucoup de propriétaires bourgeois aimeraient mieux renoncer à la culture et laisser pendant un an leurs domaines en sommeil, que de renoncer à une part de leurs revenus fonciers souvent assez maigres. Mais il y aurait là une crise économique et sociale aiguë, d'où sortirait un long ébranlement. De sorte que la réduction du prolétariat constitue une menace pour la propriété foncière bourgeoise, comme l'accroissement et l'agglomération du prolétariat industriel constituent une menace pour la propriété capitaliste industrielle. Des deux côtés il n'y a d'issue que vers une forme nouvelle de propriété et de société.

*
* *

Marx a dit que la révolution sociale serait au meilleur marché possible si elle pouvait indemniser les détenteurs actuels du capital. Il voulait dire par là qu'il y avait intérêt pour le socialisme révolutionnaire à éviter l'exaspération suprême de la vieille société expropriée et les longues convulsions destructrices de richesse. Il est encore temps, pour la transformation de la propriété rurale, de recourir à des procédés amiables. L'état, les communes, les coopératives pourraient, soit par des obligations assez rapidement amorties, soit par des assignations sur les produits agricoles concentrés dans les magasins communaux, coopératifs et sociaux, commencer la transformation de la grande propriété foncière en propriété sociale, avec un triple caractère national, communal, syndical.

Les petits propriétaires ne seraient nullement effrayés par cette transformation graduelle qui ne les menacerait point et qui aurait des formes juridiques. Et ils se rattacheraient bientôt par des liens volontaires au grand centre d'action formé par la propriété communale ou coopérative. Il se produit en ce moment dans leur esprit des modifications lentes, peu sensibles, mais dont l'effet à la longue sera décisif. D'abord, ils ont beaucoup plus que jadis foi en la science. Les voilà maintenant qui recourent à la chimie agricole et au machinisme. Ils ont le sentiment très net qu'ils ne s'arrêteront plus dans cette voie. Ils ont pu concilier leur antique passion de la terre et de la propriété individuelle avec le souci des progrès techniques, puisque ces progrès sont applicables dans les limites de la petite propriété. Mais il est bien clair qu'engagés dans cette voie ils ne peuvent plus se reprendre, et que si, à l'avenir, l'application parfaite du machinisme exigeait de leur part une certaine renonciation à la rigueur du droit individuel, aux habitudes étroites de la culture parcellaire, ils seraient, si je puis dire, entraînés au delà de leur individualisme fermé par la puissance même du mouvement scientifique auquel ils se sont dès maintenant livrés.

Le paysan propriétaire devient, presque à son insu, collectiviste pour la vente. Il est de plus en plus soumis à des crises de prix formidables. C'était, depuis des années, pour le blé. Et voici que l'heureuse et admirable renaissance de la vigne a cet effet terrible et paradoxal de ruiner les vignerons. Évidemment, une grande baisse de prix était rendue nécessaire par la fécondité du plant américain greffé, par l'excellence de deux récoltes successives. Cette baisse de prix, si elle s'était tenue dans de justes limites, aurait été bonne pour tous. Mais notre système économique et social est si déréglé que la baisse, soudain précipitée à un degré incroyable, a accablé les producteurs viticoles, ruinés par l'abondance même du produit. Aussi les producteurs paysans aspirent-ils à être délivrés de ces désordres ruineux du marché. Et si le blé, le vin étaient acquis par des fédérations de coopératives et par des fédérations de communes, si le prix en était déterminé selon l'abondance de la récolte, les frais d'exploitation scientifique et de perfectionnement et le salaire normal des travailleurs employés à la culture, les propriétaires paysans, affranchis de la spéculation, du parasitisme mercantile, de l'anarchie du marché, travailleraient avec la certitude allègre d'une rémunération équitable. Ce collectivisme de l'échange ne les effraie nullement.

Ainsi, le système actuel de la propriété foncière est travaillé par des causes profondes de révolution. Que les socialistes développent les coopératives de consommation ; qu'ils leur proposent comme un de leurs buts les plus importants l'acquisition de vastes domaines ruraux où elles s'approvisionneront en partie ; qu'ils organisent les syndicats de prolétaires ruraux ; qu'ils propagent dans les campagnes l'idée d'un service public d'approvisionnement qui, par les communes et les coopératives, se substituerait à la spéculation des blés, à la grande meunerie, au grand négoce des vins ; qu'ils donnent aux paysans, aux salariés, aux métayers, aux petits propriétaires, la notion exacte du rôle immense que devrait jouer la commune dans la vie économique ; qu'ils rattachent ainsi les besoins des temps nouveaux au souvenir persistant de la propriété communale d'autrefois, primitive et rudimentaire ; qu'ils imprègnent peu à peu d'esprit communal socialiste les municipalités rurales, et la France agricole évoluera d'un mouvement puissant vers un communisme vivant et libre, où le travail sera souverain, où toutes les énergies individuelles se déploieront sans entrave et sans conflit dans l'harmonieuse justice.

LENTES ÉBAUCHES

Dans l'immense transformation sociale qui se prépare, le prolétariat sait maintenant avec certitude la direction qu'il doit suivre ; il connaît assez distinctement les grands traits du régime nouveau qu'il veut et doit instituer. Il sait que la puissance du travail organisé se substituera à la puissance du capital, que tout prélèvement du capital sur le travail sera aboli, et que le désordre de la production capitaliste et mercantile fera place à un ordre de production réglé par la science elle-même, d'après les besoins de tous et de chacun. Le prolétariat sait que pour que l'organisation du travail affranchi et souverain devienne possible, il faut que la collectivité sociale, la communauté substitue son droit au droit actuel de la propriété privée. Tant que des particuliers, des classes détiendront les moyens de produire, il est clair que l'autorité sur un grand nombre d'individus sera détenue et exploitée par quelques-uns. L'intervention de la communauté elle-même dans la propriété est donc nécessaire pour que le droit de tous les individus soit respecté. De là la grande idée collectiviste ou communiste de la propriété sociale, qui est la lumière du prolétariat socialiste en son effort multiple et tourmenté.

Mais cette idée générale, si nette et si déterminée qu'elle soit, ne suffit pas à décider les modes d'application, les combinaisons innombrables et variables selon lesquelles le socialisme s'accomplira. Il est certain que c'est le cours même de l'évolution économique qui déterminera les rapports infiniment complexes selon lesquels s'ordonnera la société nouvelle. Il ne suffira pas de quelques formules générales pour transformer la société. Il faudra encore observer constamment le mouvement de la réalité pour saisir les points de contact de la société d'aujourd'hui et de l'idée nouvelle. Notre effort serait stérile, et notre action troublerait la marche des choses au lieu de la seconder, si nous ne démêlions pas la pente des faits et des esprits, les inclinations et les mœurs.

J'en reviens au même exemple précis. J'ai montré la sourde évolution de la propriété paysanne, le changement insensible et secret qui, si je puis dire, peu à peu renouvelle son âme. Il y a dans l'année une période de près d'un mois et demi, et une période particulièrement active, où les propriétaires paysans s'associent par groupes assez étendus et travaillent les uns chez les autres, les uns pour les autres. À peine la moissonneuse — qui n'est pas encore partout complétée par l'appareil de liage — a-t-elle couché les épis, par petits paquets, sur la terre ardente, que les propriétaires voisins accourent pour aider à lier en gerbes ces épis, à former des tas de dix gerbes, puis à charger ces tas sur les grandes charrettes et à bâtir le gerbier. Des métayers aux petits propriétaires paysans, il y a le même échange de services. Et il n'y a pas seulement prêt mutuel du travail des bras, il y a prêt du bétail. La machine à moissonner ayant rapidement abattu le blé, il faut, de peur des orages, le lier vite, et vite l'entasser en gerbier. Pour hâter ce travail urgent, les paysans se prêtent charrettes et bœufs. Et, je le répète, il n'y a pas de compte ouvert. Il serait impossible d'évaluer les services de l'un et ceux de l'autre. C'est un libre et amical échange. Ainsi, une parcelle d'âme communiste pénètre dans le travail paysan, dans la conscience paysanne. Et cela dure jusqu'à ce que la batteuse ait, dans le rayon où se sont formés spontanément ces groupes, dévoré le dernier gerbier.

Certes, jamais les socialistes n'ont prétendu faire entrer de force la propriété paysanne dans le cadre communiste. Nos aînés, nos maîtres ont toujours dit que seul l'exemple de la grande production agricole entraînerait les propriétaires paysans à abandonner la culture parcellaire, la propriété morcelée. Mais cela même est insuffisant, et nous nous représentons l'évolution de la vie rurale d'une manière trop sèche, trop mécanique. Non seulement ce n'est pas par un coup d'autorité, mais ce n'est même pas par l'action tout extérieure de l'exemple, ce n'est ni par compression ni seulement par attraction que la propriété paysanne entrera dans le mouvement communiste : c'est, au moins en partie, par l'évolution interne de sa propre vie.

*

* *

Une des tâches essentielles du socialisme sera de donner aux propriétaires paysans le sens vif, la conscience nette du changement qui s'accomplit obscurément en eux. Quand on le leur fait remarquer, ils s'étonnent un moment ; puis ils reconnaissent l'étendue du changement qui se fait peu à peu dans les habitudes et les pensées. Et c'est en prolongeant, en systématisant ces tendances nouvelles que le socialisme prendra contact avec la vie et lui empruntera sa force.

Cette coopération encore superficielle et limitée devra s'étendre, s'assouplir, s'organiser. En bien des régions, de grands travaux de perfectionnement agricole seraient nécessaires : défoncements, drainages, nivellement ou adoucissement des pentes, charrois d'engrais, apports de terres, aménagementdes eaux. Il se peut que la nation soit appelée à encourager, à subventionner ces travaux, car il est prodigieux qu'il y ait des travaux publics de communication et qu'il n'y ait pas des travaux publics de production. Mais il est bien clair qu'il y faudra la collaboration active, intelligente des producteurs eux-mêmes. Or, cette collaboration, cette coopération commence à apparaître comme possible, depuis que des habitudes communistes s'insinuent dans le travail paysan.

Je pourrais citer ainsi bien des traits encore légers, mais qui dessinent les formes futures de la vie. Je parlais plus haut du vignoble autour de Gaillac. Or, là, depuis quelques années, depuis que les simples salariés agricoles ont retrouvé l'espoir d'acquérir quelques lambeaux des vignes reconstituées, ils ont peu à peu imposé un curieux usage. La journée de travail, qui commence, il est vrai, de très bonne heure, presque à la pointe du jour, finit le soir à quatre heures. C'est que beaucoup de ces prolétaires, de ces salariés, possèdent un tout petit morceau de vigne, et que voulant le travailler après la journée de travail faite chez le propriétaire bourgeois, il faut qu'ils soient libres à quatre heures. Ainsi, ces hommes ont l'habitude de deux formes de travail : du travail collectif qu'ils accomplissent sur un grand domaine en compagnie de nombreux salariés, et du travail individuel qu'ils accomplissent sur leur minuscule propriété.

J'ai à peine besoin de dire que ce travail qu'ils accomplissent pour eux-mêmes est, même après la fatigue du travail salarié, une douceur et une joie. Mais je suis convaincu que cette dualité d'âme se continuera en eux-mêmes après de grandes transformations sociales. Je suppose que les grands domaines du vignoble soient devenus la propriété de la commune. Je suppose que les travailleurs, qui, hier, étaient les salariés du propriétaire noble ou bourgeois, soient formés en association et reçoivent de la commune les grands domaines à exploiter. Évidemment ils jouiront d'une condition beaucoup plus heureuse qu'aujourd'hui. Quelle que soit la part de produits retenue pour de grandes œuvres d'intérêt social et de solidarité par la commune et la nation, la rémunération des travailleurs associés, qui n'auront plus à subir le prélèvement du propriétaire, sera plus large que maintenant. Et ils auront des garanties qui aujourd'hui leur manquent. Sans être des propriétaires au sens étroit et jaloux du mot, ils ne seront pas des salariés. Ils choisiront leurs chefs de travail ; ils interviendront dans la conduite de l'exploitation ; ils auront un droit défini par des contrats précis ; ils seront protégés par ces formes élevées de contrat qui, dans la société communiste, garantiront tous les droits individuels, même contre l'arbitraire de l'association dont ils feront partie. Ils seront donc rattachés au grand vignoble cultivé de leurs mains par un lien plus vivant et plus fort, par une sensation plus joyeuse et plus pleine que ne l'est aujourd'hui le salarié. Et pourtant, il est fort probable qu'ils éprouveraient comme un manque et une diminution vitale s'ils ne retrouvaient plus, à voir se dorer les grappes sur quelques ceps à eux, rien qu'à eux, cette joie close où il y a plus d'intimité que d'égoïsme.

Et pourquoi la société communiste, habile à cultiver toutes la variété des joies, abolirait-elle celle-là ? Que notre effort conscient dirige de plus en plus dans le sens du communisme le vaste mouvement social qui y incline par tant de pentes ; mais une fois engagées dans cette direction, ce sont les forces variées de la vie qui détermineront elles-mêmes, librement, souverainement, leur mouvant équilibre.

Revision nécessaire

REVISION NÉCESSAIRE

Je ne sais pas quelle conclusion la classe ouvrière du nord tirera des dernières élections, en particulier des élections de Lille. Elle a fait assurément un grand effort de propagande et de combat, et elle a témoigné, dans tout le département, d'une énergie qui se retrouvera aux prochaines batailles. Assurément aussi, les radicaux de Lille sont inexcusables, malgré les attaques violentes dirigées contre eux au premier tour, d'avoir favorisé ou d'avoir permis au second tour la victoire de la réaction cléricale. Enfin, partout la lutte est difficile aux socialistes. Partout ils se heurtent aux traditions persistantes du passé, aux forces égoïstes du présent. Pour toutes les fractions du parti socialiste, pour toutes ses *méthodes*, il y a eu des victoires et des échecs.

Mais il reste vrai qu'à Lille et dans la région du Nord a éclaté d'une façon déplorable la contradiction de pensée qui perdra le Parti ouvrier français. Il a deux conceptions rigoureusement opposées du mouvement social. De ces deux conceptions opposées dérivent deux tactiques contraires. Le Parti ouvrier français de Lille recourt successivement, et dans un très faible espace de temps, à ces deux tactiques : et comme elles sont inconciliables, il est clair qu'elles se paralysent et qu'elles le paralysent.

D'un côté, le Parti ouvrier français interprète la lutte de classe dans le sens le plus étroit, si nettement répudié par Marx. Il déclare volontiers qu'en dehors du prolétariat proprement dit, toutes les forces sociales ne forment qu'un bloc réactionnaire. Il affecte de ne pas distinguer entre les diverses catégories des classes possédantes et entre les divers partis. Il met sur le même plan, il coud dans le même sac les réactionnaires, les modérés, les radicaux socialistes. Il affirme qu'entre les cléricaux et les démocrates même d'extrême gauche, le peuple ouvrier n'a aucune différence à faire. Et même, comme les radicaux démocrates pourraient surprendre plus aisément, par quelques formules de progrès social, la confiance populaire, c'est eux que l'on dénonce avec le plus de virulence. Voilà un des aspects de la pensée du parti ouvrier français, voilà une de ses tactiques. C'est celle qui a joué à Lille au premier tour de scrutin.

Mais il y a un autre aspect, et il y a une autre tactique. Foncièrement, malgré l'affectation d'intransigeance de classe, les ouvriers socialistes du nord, adhérents au parti ouvrier français, sont républicains, démocrates et anticléricaux. Ils savent que la république est, au moins en France, une force populaire, une condition du progrès ; et ils sentent aussi qu'elle est un commencement de socialisme, et la forme politique du collectivisme. Ils sont démocrates : ils tiennent passionnément à l'égalité des droits politiques, au suffrage universel, à la portion de souveraineté que le peuple peut conquérir dans les municipalités, dans les conseils généraux, au parlement. Enfin, ils veulent arracher à l'Église sa puissance politique, ses privilèges sociaux, sa dotation budgétaire. Ils veulent l'exclure de tous les services publics, de l'enseignement, de l'assistance, et la réduire à être une association privée, jusqu'à ce que le progrès des lumières, l'influence de l'éducation publique laïque et le relèvement social des opprimés aient séché peu à peu des habitudes et des croyances qui ont encore des racines tenaces dans le prolétariat comme dans la bourgeoisie.

Parce qu'ils sont républicains, démocrates, anticléricaux, ils ont de grands intérêts communs avec les partis non socialistes qui veulent maintenir la République, développer la démocratie, combattre le privilège de l'Église. Ils font donc nécessairement une différence entre les partis qui soutiennent et les partis qui combattent la République, la démocratie, le libré examen. Et voilà la seconde conception sociale du Parti ouvrier. Cette conception, il l'a affirmée par ses actes, lorsqu'il a conquis la municipalité de Lille avec le concours des radicaux. Il l'affirmait encore au second tour de scrutin lorsqu'il faisait appel, au nom de la République, aux suffrages des radicaux mis en minorité au premier tour. À Bordeaux, le Parti ouvrier français parle de « solidarité républicaine ». À Lille, il fait appel au second tour aux vrais républicains. Mais que signifie cette solidarité ? Et en vertu de quel droit fait-on cet appel ?

Si la lutte de classe a le sens que lui donne parfois le Parti ouvrier français, s'il est vrai qu'en dehors du prolétariat socialiste, tout est *au même degré*réaction et ténèbres, quel lien peut subsister entre les socialistes et les républicains démocrates bourgeois ? Vous disiez tout à l'heure qu'entre la classe prolétarienne et tous les autres partis indistinctement, il y a une opposition absolue et uniforme. Que signifie donc dès lors la « solidarité » brusquement affirmée ? La solidarité suppose qu'il y a des intérêts communs à défendre. La « solidarité républicaine » suppose que la République vaut d'être défendue par les démocrates des deux classes, de la classe ouvrière et de la classe bourgeoise. Ainsi, tantôt vous creusez un abîme infranchissable et vertigineux ; tantôt, vous jetez un pont sur cet abîme. En ces manœuvres contradictoires se perd peu à peu toute la force vive d'un parti.

J'ai demandé en vertu de quel principe le Parti ouvrier français faisait appel, au second tour, aux républicains radicaux. Comment les discerne-t-il tout à coup dans la mêlée, après avoir déclaré qu'ils sont indiscernables, confondus dans la même armée ennemie ? Et quel titre peut-il invoquer auprès d'eux pour les appeler à lui ? Il leur dit : « Vous êtes républicains et démocrates ; nous sommes républicains et démocrates : vous devez voter pour nous. » Mais les radicaux et républicains bourgeois ne peuvent voter pour des socialistes qu'en faisant abstraction des antagonismes de classe. Ils ne le peuvent qu'en se détachant du bloc réactionnaire. Ils ne le peuvent qu'en proclamant qu'il y a plus d'intérêt pour eux, républicains bourgeois, à voter pour des républicains, même socialistes, que pour des non-républicains, même bourgeois. Les socialistes qui les appellent supposent donc que la masse bourgeoise peut se dissocier. Ils supposent donc que chez une partie au moins des républicains bourgeois l'antagonisme de classe, si puissant qu'il soit, peut être vaincu par des forces d'union, par la solidarité républicaine et démocratique. Ou l'appel du second tour lancé par le Parti ouvrier français n'a pas de sens, ou il a celui-là. Et il est absolument contraire aux formules intransigeantes du premier tour.

Encore une fois, ces contradictions n'excusent pas l'attitude des radicaux lillois, qui, eux, ont commis la contradiction suprême : celle d'affirmer la République, et de la livrer ensuite, en ressentiment de quelques outrages électoraux, les plus vains de tous.

*

* *

Mais je dis que les effets déconcertants de ces conceptions contradictoires du Parti ouvrier français iront s'aggravant. Je dis que la classe ouvrière ira de défaite en défaite si elle ne met pas plus d'unité dans sa tactique, si dans l'espace d'une quinzaine et en vertu de théories absolument inconciliables, elle proclame qu'entre les démocrates bourgeois et les cléricaux il n'y a aucune différence, pour faire aussitôt appel aux démocrates contre les cléricaux, et si tantôt elle resserre la lutte de classe jusqu'à l'intransigeance la plus sectaire, et tantôt l'assouplit et l'élargit jusqu'au concept bienveillant et accueillant de solidarité républicaine.

Mais il y a une autre contradiction de méthode qui arrêterait toute croissance, toute action du prolétariat.

La classe ouvrière veut des réformes, j'entends des réformes prochaines, immédiates. Elle en a besoin pour vivre, pour ne pas fléchir sous le fardeau, pour aller d'un pas plus ferme vers l'avenir. Elle a besoin de lois d'assistance ; elle a besoin que sa force de travail soit protégée ; elle a besoin que la loi ramène à des proportions humaines la durée quotidienne du labeur. Elle a besoin que l'âge d'admission des enfants dans les usines soit élevé, pour qu'ils puissent recevoir une assez haute culture. Elle a besoin que l'inspection du travail soit plus sérieusement soumise à l'action du prolétariat lui-même. Elle a besoin que la puissance sociale et légale des syndicats soit renforcée, qu'ils deviennent de plus en plus les représentants de droit de la classe ouvrière. Elle a besoin que des institutions sociales d'assurance contre la maladie, la vieillesse, l'invalidité, le chômage, soient établies. Elle a besoin d'être introduite peu à peu, *comme classe* dans la puissance économique, dans la propriété. Et elle aura un grand intérêt si les services capitalistes, mines, chemins de fer, sont nationalisés, à obtenir que les syndicats ouvriers de ces grandes corporations soient associés à l'état dans la gestion et le contrôle des nouveaux services publics. Elle aura un grand intérêt à être représentée de droit, par ses syndicats, dans les conseils d'administration des six mille sociétés anonymes, civiles ou commerciales qui détiennent le grand commerce et la grande industrie. Elle aura intérêt à exiger, à obtenir qu'une part des actions soit réservée de droit, en toute entreprise, aux organisations ouvrières, afin qu'ainsi, peu à peu, le prolétariat pénètre au centre même de la puissance capitaliste, et que la société nouvelle sorte de l'ancienne avec cette force irrésistible « d'évolution révolutionnaire » dont a parlé Marx.

En tous sens s'ouvrent des réformes que la classe ouvrière peut et doit conquérir, des voies où elle doit et peut marcher. Et cela, le Parti ouvrier français ne le méconnaît pas. Il le méconnaît si peu qu'il a accepté, dans l'intérêt immédiat du prolétariat, d'administrer les intérêts municipaux, c'est-à-dire une parcelle de la société d'aujourd'hui. Dans la récente campagne électorale, quand les élus du Parti rappelaient leur activité qui, en effet, fut admirable, à la fois minutieuse et enthousiaste, que de titres ils invoquaient où la « lutte de classe » s'effaçait devant les nécessités administratives ! C'étaient des rues percées, c'est-à-dire tout à la fois plus d'air et de santé pour tous les citoyens, bourgeois et propriétaires, — et une plus-value pour les propriétaires d'immeubles. C'étaient des contrats avec les propriétaires de rues privées transformées en voies municipales, contrats utiles à la ville dont ils agrandissaient le domaine, et utiles aussi aux propriétaires déchargés des soins d'éclairage, d'entretien et de propreté. C'étaient aussi des paroles émues sur « notre chère cité », non plus la cité dolente et âpre du travail se heurtant, dans l'enceinte des mêmes murailles, à la cité jouisseuse et superbe du capital, mais la cité totale, enveloppant dans sa croissance solidaire les classes antagonistes. Donc, le Parti ouvrier français a le souci des réformes : il veut que le prolétariat agisse, que le socialisme crée, même dans la société d'aujourd'hui, même au prix de toutes les solidarités confuses, de toutes les responsabilités indéterminables qu'entraîne aujourd'hui l'action.

Mais tout ce programme de réformes, comment se réalisera-t-il ? Il ne peut se réaliser que par l'influence grandissante du Parti socialiste et de la classe ouvrière sur l'ensemble de la nation. Et cette influence, comment se marquera-t-elle ? Par l'adhésion plus ou moins spontanée de la majorité de la nation aux réformes successivement proposées par la minorité socialiste. Mais déclarer d'avance qu'en dehors du socialisme toute la nation ne sera qu'un bloc réfractaire et hostile, rejeter de la même façon et condamner au même degré les catégories bourgeoises qui toujours résistent aux réformes, et celles qui sont susceptibles peu à peu de les adopter, c'est tuer en germe toute réforme, c'est proclamer qu'avant l'heure de la révolution totale, les semences utiles ne seront point recueillies par la terre, mais dévorées toutes par les oiseaux pillards ; c'est briser l'espoir du prolétariat ; c'est appesantir sur lui, jusqu'au problématique sursaut des soudaines délivrances, la charge des jours présents. C'est proclamer soi-même l'impossibilité des réformes qu'on annonce et qu'on demande.

Et voilà encore une terrible contradiction.

Paru initialement dans *La Petite République*, 3 août 1901

Évolution révolutionnaire

ÉVOLUTION RÉVOLUTIONNAIRE

EN CINQUANTE ANS

Lorsque la révolution de 1848 eut été écrasée partout, en France, en Allemagne, en Italie, en Autriche, en Hongrie, lorsque le prolétariat eut été vaincu par la bourgeoisie, et la bourgeoisie libérale par la réaction, le parti communiste et prolétarien, ayant perdu la liberté de la presse et la liberté de réunion, c'est-à-dire tous les moyens légaux de conquête, fut réduit à rentrer sous terre et à s'organiser en sociétés secrètes.

Ainsi s'était constituée une société communiste allemande, dont le comité central, en 1850, était à Londres. Tout naturellement, dans ces petites sociétés obscures et exaltées, aigries par la défaite, impatientes de revanche et affolées par l'absence même du contrepoids de la vie, les plans puérils de conspirations abondaient. Marx, qui faisait partie de ce comité central, avait gardé dans la défaite toute sa lucidité, son large sens de la vie, de ses complications et de ses évolutions. Il résistait aux projets enfantins, calmait les effervescences. Mais un jour vint où il dut rompre. Et le 15 septembre 1850 il se retira du comité central de Londres. Il tint à justifier cette scission par une déclaration écrite, insérée au procès-verbal du comité, et qui disait ceci :

A la place de la conception critique, la minorité en met une dogmatique, à la place de l'interprétation matérialiste, l'idéaliste. Au lieu que ce soient les rapports véritables, c'est la *simple volonté* qui devient le moteur de la révolution. Tandis que nous disons aux ouvriers : il vous faut traverser quinze, vingt et cinquante ans de guerres civiles et de guerres entre peuples non seulement pour changer les rapports existants, mais pour vous changer vous-mêmes et vous rendre capables du pouvoir politique, vous dites au contraire : nous devons arriver de suite au pouvoir, ou alors aller nous coucher. Alors que nous attirons l›attention des ouvriers allemands sur l›état informe du prolétariat d›Allemagne, vous flattez de la façon la plus lourde le sentiment national et le préjugé corporatif des artisans allemands, ce qui, sans nul doute, est plus populaire. De même que les démocrates avaient fait du mot *peuple* un être sacré, vous en faites autant du mot *prolétariat*. Comme les démocrates, vous substituez à l'évolution révolutionnaire la phrase révolutionnaire.

Je le répète : c'est Marx qui parle. Cinquante ans ! Le délai que Marx assignait aux ouvriers non pour instaurer le communisme, mais pour se rendre capables eux-mêmes du pouvoir politique, vient d'expirer. à quelles guerres extérieures et civiles pensait Marx en 1850 ? Par quelles épreuves pensait-il que devaient passer le prolétariat et l'Europe pour que la classe ouvrière arrivât à la maturité politique ? Il comptait sans doute parmi les guerres extérieures nécessaires la lutte de l'Europe occidentale contre la Russie. C'était la Russie qui venait d'être en Europe le grand instrument de la réaction, et il paraissait à Marx que toute révolution serait impossible dans l'Europe occidentale tant que le tsarisme ne serait pas brisé. Aussi, dès que la guerre de Crimée éclata, il la salua avec joie : dans ses lettres sur la question d'Orient, il gourmande, il presse le ministère libéral anglais, trop lent, selon lui, à engager la bataille. La Russie ne fut pas écrasée, et la révolution sociale européenne ne jaillit pas de la guerre de Crimée, comme un moment l'avait espéré Marx, gagné à son tour par la fièvre d'impatience et d'illusion qu'en 1850 il reprochait à ses collègues du comité de Londres. Et pourtant, la guerre de Crimée ébranla en Russie le vieux système. De ce côté, le formidable obstacle que Marx redoutait est sinon détruit, au moins diminué. Il me paraît douteux, s'il éclatait dans toute l'Europe occidentale une révolution socialiste, si le prolétariat était un moment maître du pouvoir à Paris, à Vienne, à Rome, à Berlin, à Bruxelles, comme la démocratie fut maîtresse en 1848, que la Russie pût intervenir pour écraser le mouvement aussi efficacement qu'elle intervint en 1848 et 1849. Je ne sais si la force réunie des étudiants et des ouvriers socialistes russes suffira, d'assez longtemps encore, à imposer au tsarisme une constitution libérale. Mais le tsarisme, contrarié par bien des résistances intérieures et préoccupé sans doute de s'assurer au dedans, ne pourrait pas déployer en Europe l'action extérieure qu'il déploya il y a un demi-siècle. En tout cas, tout ce que le tsarisme a voulu empêcher en 1848 s'est accompli, ou du moins est bien près de s'accomplir. La Russie avait voulu maintenir l'Italie morcelée sous le joug de l'étranger : elle est libérée de l'Autriche et libérée du pape. Et la classe ouvrière devient une des principales forces de vie de la nation ressuscitée. — la Russie avait voulu prévenir l'établissement de la démocratie en France, même sous la forme napoléonienne. Or, c'est la démocratie républicaine qui est installée en France et qui y est désormais invincible. L'action économique et politique de la classe ouvrière organisée y croît lentement, mais sûrement. — En Belgique, la constitution est de plus en plus inclinée vers la démocratie, et le prolétariat approche sa main du suffrage universel. — En Allemagne, par une de ces merveilleuses ironies de l'histoire qui attestent la force invincible de la démocratie, on peut dire que la Russie a servi sans le vouloir l'avènement du suffrage universel et du socialisme. Parce que Bismarck unifiait l'Allemagne au profit de la Prusse monarchiste et absolutiste, le tsarisme a secondé deux fois les desseins de Bismarck par une neutralité complaisante : une fois en 1866, contre l'Autriche ; une fois en 1870, contre la France. Or, Bismarck, malgré tout, ne pouvait lier l'Allemagne que par le lien du suffrage universel, et il dut en faire comme l'anneau d'or du nouvel empire. En outre, la classe ouvrière allemande, qui ne pouvait prendre pleine conscience de son unité, par conséquent de son existence de classe, dans une Allemagne particulariste et morcelée, a développé sa large action politique sur le large terrain de l'Allemagne unifiée.

En somme, le mode de croissance de la démocratie, dans les États de l'Europe occidentale, a déconcerté et déconcerte toute intervention violente des puissances d'oppression. Ce n'est pas par explosion soudaine que la démocratie prend possession des États et que le socialisme prend possession de la démocratie. Les lois par lesquelles, de 1860 à 1885, l'Angleterre a conquis à peu près le suffrage universel, sont aussi profondes que des révolutions, et pourtant, hors des érudits, nul n'en connaît la date précise. C'est comme une floraisonsilencieuse. — le rôle nouveau des classes ouvrière et paysanne dans la vie nationale et gouvernementale italienne est aussi l'équivalent paisible d'une révolution : c'est un autre *risorgimento.* — et de même la poussée multiple du prolétariat français. Le tsarisme peut contrarier et amortir tous ces mouvements. Il peut, par sa diplomatie à la fois subtile et pesante, envelopper les gouvernements ; mais il ne peut plus arrêter l'irrésistible mouvement des nations vers l'entière démocratie, et l'irrésistible croissance de la classe ouvrière dans les démocraties.

Ainsi, l'obstacle qui, selon Marx, devait disparaître avant que la classe ouvrière fût capable vraiment en Europe du pouvoir politique, n'a pas été brisé, mais il a été diminué ou tourné. Il a été diminué par la guerre de Crimée, qui a immobilisé pour de longues années l'autocratie russe, et qui a permis, quatre ans après, en 1859, la résurrection de la nation italienne. Il a été tourné par la subtilité de l'histoire, qui a désarmé les défiances du tsarisme en suscitant un commencement de démocratie allemande sous les auspices de l'absolutisme prussien. Il est miné sur place par la force grandissante de la classe ouvrière et du libéralisme russes. Enfin, il est éludé et comme réduit à rien par la continuité même de la croissance démocratique et socialiste qui partout en Europe s'affirme sans crise de guerre.

A quelles autres guerres extérieures ou civiles pensait Marx ? Sans doute aux guerres qui affranchiraient l'Italie, et qui unifieraient l'Allemagne, que la débile bourgeoisie libérale du parlement de Francfort n'avait pas su lier par la liberté. Peut-être aussi avait-il accueilli la pensée de Engels, qui, voyageant en France après les journées de juin 1848, écrivait dans ses notes de voyage que le socialisme en France ne triompherait que par une guerre civile des ouvriers contre les paysans. Heureusement, il n'en est pas, il n'en sera pas ainsi. La commune de 1871 a été une héroïque lutte des ouvriers républicains et en partie socialistes de Paris contre les *ruraux*. mais ces ruraux, ce n'étaient pas les petits propriétaires paysans ; c'étaient les hobereaux sortis de leurs gentilhommières. La démocratie des petits propriétaires paysans n'a pas tardé à accepter, à acclamer la république. Ce n'est pas elle qui était engagée dans la bataille. Il n'y a pas de sang entre le socialisme ouvrier et les paysans. Il n'y en aura pas. Et il dépend de nous qu'il n'y ait pas de malentendus, que la démocratie rurale vienne peu à peu au socialisme comme elle est venue à la république. En tout cas, en ce demi-siècle écoulé, à travers les épreuves des grandes guerres extérieures ou civiles, et plus encore par l'action lente et continue des choses, par cette magnifique *évolution révolutionnaire* que Marx annonçait, la condition primaire de l'action politique ouvrière s'est réalisée. Cette condition primordiale, c'était la constitution, dans toute l'Europe, de grandes nations autonomes, affranchies de l'oppression moscovite, et ayant abouti ou tendant énergiquement à la démocratie et au suffrage universel.

Maintenant que cette condition est réalisée, la classe ouvrière de l'Europe, et particulièrement la classe ouvrière de France, a le chantier et l'outil. De là à l'achèvement de l'oeuvre, il y a loin. Aujourd'hui, comme il y a un demi-siècle, il faut se garder de la *phrase révolutionnaire* et comprendre profondément les lois de *l'évolution révolutionnaire* dans les temps nouveaux.

MAJORITÉS RÉVOLUTIONNAIRES

Ces grands changements sociaux qu'on nomme des révolutions ne peuvent pas ou ne peuvent plus être l'œuvre d'une minorité. Une minorité révolutionnaire, si intelligente, si énergique qu'elle soit, ne suffit pas, au moins dans les sociétés modernes, à accomplir la révolution. Il y faut le concours, l'adhésion de la majorité, de l'immense majorité.

Il se peut — c'est un difficile problème d'histoire à résoudre — qu'il y ait eu des périodes et des pays où la multitude humaine était si passive, si inconsistante, que les volontés fortes de quelques individus ou de quelques groupes la façonnaient. Mais depuis la constitution des nations modernes, depuis la réforme et la renaissance, il n'y a presque pas un seul individu qui ne soit une force distincte. Il n'y a presque pas un individu qui n'ait ses intérêts propres, ses attaches au présent, ses vues d'avenir, ses passions, ses idées. Tous les individus humains sont donc depuis des siècles, dans l'Europe moderne, des centres d'énergie, de conscience, d'action. Et comme, dans les périodes de transformation où les antiques liens sociaux se dénouent, toutes les énergies humaines sont équivalentes, c'est forcément la loi de la majorité qui décide. Une société n'entre dans une forme nouvelle que lorsque l'immense majorité des individus qui la composent réclame ou accepte un grand changement.

Cela est évident pour la Révolution de 1789. Elle n'a éclaté, elle n'a abouti que parce que l'immense majorité, on peut dire la presque totalité du pays, la voulait. Qu'étaient les privilégiés, haut clergé et noblesse, en face du Tiers-État des villes et des campagnes ? Un atome : deux cent mille contre vingt-quatre millions ; un centième. Et encore le clergé et la noblesse étaient divisés, incertains. Il y a des privilèges que les privilégiés renoncent à défendre. Eux-mêmes doutaient de leurs droits, de leurs forces, et semblaient se livrer au courant. La royauté même, acculée, avait dû convoquer les États-Généraux, tout en les redoutant.

Quant au Tiers-État, au peuple immense des laboureurs, des paysans, des bourgeois industriels, des marchands, des rentiers, des ouvriers, il était à peu près unanime. Il ne se bornait pas à protester contre l'arbitraire royal ou le parasitisme nobiliaire. Il savait comment il y fallait mettre un terme. Les cahiers s'accordent à proclamer que l'homme et le citoyen ont des droits, et qu'aucune-prescription ne peut être invoquée contre ces titres immortels. Et ils précisent les garanties nécessaires : le roi continuera à être le chef du pouvoir exécutif, mais c'est la volonté nationale qui fera la loi. Cette volonté souveraine de la nation sera exprimée par des assemblées nationales permanentes et périodiquement élues. — L'impôt ne sera exigible que si les assemblées de la nation l'ont voté. Il frappera également tous les citoyens. Tous les privilèges de caste seront abolis. Nul ne sera exonéré de l'impôt. Nul n'aura un droit exclusif de chasse. Nul ne relèvera de tribunaux spéciaux. Même loi pour tous, même impôt pour tous, même justice pour tous. — Les droits féodaux contraires à la dignité de l'homme, ceux qui sont le signe d'un antique servage seront abolis sans indemnité. Ceux qui grèvent et immobilisent la propriété rurale seront éliminés par le rachat. — Tous les emplois seront accessibles à tous et les plus hauts grades de l'armée seront ouverts au bourgeois et au paysan comme au noble. — Toutes les formes de l'activité économique seront également ouvertes à tous. Pour entreprendre tel ou tel métier, créer telle ou telle industrie, ouvrir telle ou telle boutique, il ne sera plus besoin ni d'une permission corporative, ni d'une autorisation gouvernementale. Les corporations elles-mêmes cesseront d'exister ; et parconséquent l'Église, maintenue comme service public, cessera d'avoir une existence corporative. Elle cessera par conséquent d'avoir une propriété corporative. — Et le domaine d'Église, les milliards de biens fonciers qu'elle détient, n'ayant plus de propriétaires, puisque la corporation possédante est dissoute, feront de droit retour à la nation, sous réserve par celle-ci d'assurer le culte, l'enseignement et l'assistance.

Il est bien vrai que la révolution dut recourir à la force : 14 juillet, 10 août : prise de la Bastille, prise des Tuileries. Mais, qu'on le note bien, la force n'était pas employée à imposer à la nation la volonté d'une minorité. La force était employée au contraire à assurer contre les tentatives factieuses d'une minorité la volonté presque unanime de la nation. Au 14 juillet, c'est contre le coup d'état royal ; au 10 août, c'est contre la trahison royale que marche le peuple de Paris ; et il portait en lui le droit, la volonté de la nation. Ce n'était pas par soumission stupide au fait accompli que toute la France acclamait le 14 juillet, que presque toute la France ratifiait le 10 août. C'est uniquement parce que la force d'une partie du peuple s'était mise au service de la volonté générale trahie par une poignée de privilégiés, de courtisans et de félons. Ainsi le recours à la force ne fut nullement un coup d'audace des minorités, mais la vigoureuse sauvegarde des majorités.

Il est vrai encore que la Révolution fut conduite au delà de ses revendications premières et de son programme initial. Aucun des révolutionnaires, en 1789, ne prévoyait, aucun ne souhaitait la chute de la monarchie. Le mot même de République était presque inconnu, et, même au 21 septembre 1792, même quand la convention abolit la royauté, l'idée de République n'avait pas cessé tout à fait de faire peur. Mais ce n'est pas sous les coups d'une minorité passionnée, ce n'est pas sous des formules de philosophie républicaine que la royauté tomba. Elle ne fut perdue que lorsqu'il devint évident à presque toute la nation, après des épreuves répétées, après le coup d'État royal du 20 juin 1789, après le 14 juillet, après la fuite à Varennes, après l'invasion, que la royauté trahissait à la fois la Constitution et la patrie. La royauté ne tomba que lorsque la contradiction apparut, violente, insoluble, entre la royauté et la volonté générale de la nation. Ainsi c'est la logique même de la volonté générale, et non un coup de minorité, qui élimina la monarchie.

Il est bien vrai en effet que les hommes de la Révolution n'avaient pas prévu toutes les conséquences économiques et sociales qui sortiraient d'elle. Mirabeau croyait par exemple que la suppression des monopoles royaux et des privilèges corporatifs susciterait, dans le monde nouveau, une légion de petits producteurs, d'artisans indépendants. Il ne semble pas avoir suffisamment pressenti la grande évolution capitaliste de l'industrie. Mais d'autres étaient plus clairvoyants, et la Gironde, notamment, avait prévu, suivant une expression du temps, que la richesse et la production formeraient comme de grands fleuves, qu'on essaierait en vain de disséminer en de multiples filets d'eau.

En tout cas, si la Révolution ne savait pas exactement quelles seraient les conséquences médiates, lointaines du régime économique et social institué par elle, si elle ne pressentait clairement ni le capitalisme avec ses combinaisons, ses audaces et ses crises, ni la croissance antagoniste du prolétariat, elle savait quel régime elle voulait instituer.

Ce qui aidait la France révolutionnaire de 1789 à concevoir clairement et à vouloir fortement, c'est que les nouveautés les plus hardies réclamées par elle avaient ou des précédents ou des modèles précis dans la réalité.

Sans doute la croissance économique de la bourgeoisie industrielle et marchande au dix-septième et au dix-huitième siècle, la grande philosophie humaine du dix-huitième avaient donné aux esprits une audace et un élan jusque-là inconnus. Pourtant, le souvenir des états-généraux de 1614, malgré ce long intervalle de deux siècles de despotisme, était pour les hommes de 1789 une lumière et une force. La nation n'allait pas tout à fait vers l'inconnu ; elle renouait, en l'agrandissant, en l'adaptant aux conditions modernes, une tradition nationale.

Et au point de vue économique, agricole et industriel, elle ne créait pas des types inconnus de propriété et de travail. Elle abolissait les maîtrises, les jurandes, les corporations. Mais déjà il y avait des régions entières, il y avait des industries particulièrement progressives qui étaient affranchies du régime corporatif. Dans les faubourgs de Paris, notamment, si animés, si industriels, le régime corporatif n'existait pas. Depuis plusieurs générations, la production capitaliste naissante, avec la concurrence presque illimitée, avec les combinaisons multiples des sociétés en commandite et des sociétés par actions, s'affirmait et croissait à côté de la production corporative. De même, dans l'ordre agricole, nombreuses étaient les propriétés paysannes affranchies de prélèvement féodal. Le type du propriétaire paysan libre de redevance et indépendant, sauf peut-être du droit seigneurial de chasse, s'était déjà dégagé sous l'ancien régime. C'est donc par l'agrandissement, par la multiplication d'exemplaires précis et connus que procéda la Révolution.

Pour la transformation de l'Église, la révolution était servie par des analogies très fortes et par des précédents très vigoureux. L'armée, la justice, après avoir été des institutions féodales, étaient devenues, pour une large part, des institutions d'État. Pourquoi l'Église n'aurait-elle pas cessé d'être une caste corporative pour devenir une institution d'état ? De plus, dès l'ancien régime, la propriété d'Église était considérée comme une propriété d'un ordre spécial et soumise à l'État. La révolution a invoqué souverainement la fameuse ordonnance royale de 1749, qui interdisait l'accroissement de la mainmorte d'Église par libéralité testamentaire. Ainsi soumise à l'État, la propriété d'Église était comme prête à la nationalisation. Ici encore, la Révolution avait des points d'appui précis et résistants.

Ce n'est donc pas dans des aspirations confuses qu'en 1789 se rencontrèrent les esprits, mais au contraire dans les affirmations les plus nettes, les plus précises. C'est dans la lumière pleine, c'est dans la souveraine précision de l'esprit français formé par le dix-huitième siècle que se fit l'accord des volontés. Et la Révolution de 1789 fut l'œuvre d'une majorité immense et consciente.

De même, et plus certainement encore, ce n'est pas par l'effort ou la surprise d'une minorité audacieuse, c'est par la volonté claire et concordante de l'immense majorité des citoyens, que s'accomplira la Révolution socialiste. Qui compterait sur la faveur des événements ou les hasards de la force, et renoncerait à amener à nos idées l'immense majorité des citoyens, renoncerait par là même à transformer l'ordre social.

PAROLES DE LIEBKNECHT

le 7 août, premier anniversaire de la mort de Liebknecht, le *vorwaerts* a publié de lui quelques fragments d'un haut intérêt.

Comme la plupart des journalistes, des militants, Liebknecht était forcé de disperser sa pensée, de répondre coup sur coup aux événements du jour. Mais comme beaucoup d'entre eux, il avait l'ambition de fixer dans une oeuvre méditée et durable l'essentiel de sa pensée. Ses amis ont trouvé dans ses papiers un manuscrit incomplet, où il avait commencé, en 1881, à répondre à la grande question : *comment se réalisera le socialisme.* cette œuvre atteste une admirable vaillance, car c'est au moment même où la loi d'état de siège et la puissance encore intacte de Bismarck pesaient le plus lourdement sur le parti socialiste, que Liebknecht se demandait non point si le socialisme triompherait, mais comment il triompherait. Et cette oeuvre atteste en même temps un sens vif et net des difficultés, des transitions et des évolutions nécessaires.

Voici un fragment de première importance :

Réalisation du socialisme ; quelles mesures devra prendre le parti socialiste si, dans un avenir prochain, il conquiert une influence suffisante sur la législation ?

C'est, écrit Liebknecht, une question qui est posée et à laquelle je veux répondre. Mais pour bien répondre à une question, il faut d'abord la bien poser. Or, la question précédente n'est pas bien posée, elle n'est pas du moins assez précise. Il va de soi, en effet, que les mesures à prendre dépendent essentiellement des circonstances dans lesquelles le parti socialiste conquiert une influence appréciable sur la législation. Il est possible, et c'est même très vraisemblable, que le prince de Bismarck, s'il reste encore quelque temps vivant et au pouvoir, fasse la même fin que son modèle et maître Louis-Napoléon de France. Quelque catastrophe amenée par lui peut briser la machine de l'État et*appeler notre parti au gouvernement ou tout au moins dans le gouvernement.*

Je traduis aussi littéralement que possible. Cela signifie que Liebknecht prévoit, après une grande catastrophe nationale, la prise de possession totale *ou partielle* du pouvoir par le parti socialiste.

Cette catastrophe peut être la suite d'une guerre malheureuse ou d'une explosion de mécontentement que le système dominant ne pourra plus comprimer. si l'une ou l'autre de ces alternatives se produit, notre parti prendra naturellement d'autres mesures et suivra une autre tactique que si c'est sans une telle catastrophe qu'il conquiert une influence appréciable.

il est permis de penser, quoiqu'il ne faille guère y compter, que dans les hautes sphères on comprendra le danger et qu'on essaiera, par l'entrée en scène de réformes intelligentes, de prévenir une catastrophe autrement inévitable. *Dans ce cas notre parti serait nécessairement appelé à participer au gouvernement et particulièrement* *chargé d'améliorer les conditions du travail.*Nous n'entrerons pas plus avant dans les possibilités ; celles que nous avons pressenties suffisent à montrer que le mode de notre action dépendrait des circonstances dans lesquelles nous aurions conquis « une influence appréciable » .

Mais qu'entend-on par influence appréciable ou suffisante ? S'agit-il d'une influence exclusive ? de la possibilité pour nous d'appliquer nos principes sans autres limitations que celles que nous imposerait l'état économique lui-même ? cela signifie-t-il en d'autres termes que nous aurons en main le pouvoir gouvernemental ?

ou cela signifie-t-il simplement que nous aurons de l'influence sur un gouvernement formé en entier *ou pour une très grande part* par les autres partis ?

En ce dernier cas nous devrions, cela va de soi, agir autrement que dans le premier.

Et à l'intérieur de chacune des possibilités esquissées par nous, il y a des degrés sans nombre, des nuances dont chacune détermine un mode différent d'action.

Ainsi, selon Liebknecht, écrivant en 1881, il y a deux grandes hypothèses à faire sur l'avènement au pouvoir du parti socialiste allemand.

Ou bien il y sera appelé par une grande crise, par un cataclysme national, par une guerre malheureuse, par une explosion de misère, bref par une tourmente qui balaiera les pouvoirs anciens et fera nécessairement place aux pouvoirs nouveaux. Dans ce cas, il est certain que l'action du parti socialiste sera particulièrement énergique. Sur les ruines de l'institution impériale et des partis d'Empire, il se dressera avec sa force pleine d'élan. Et sans doute, à la faveur de ce grand ébranlement, il fera d'emblée, pour le peuple et le prolétariat, plus qu'il ne pourra faire d'abord, s'il est appelé à une part de pouvoir par la lente évolution des institutions d'Empire vers la politique de réformes.

Mais, même alors, même si un grand orage intérieur ou extérieur déracine les puissances conservatrices et suscite la force du peuple, il n'est point certain pour Liebknecht que le Parti socialiste ait tout le pouvoir. Les événements, dit-il, l'appelleront ou au gouvernement ou au partage du gouvernement (*an* oder doch *in* die regierung). Il se peut qu'il prenne possession du pouvoir tout entier. Il se peut, même au lendemain d'une crise révolutionnaire, qu'il soit obligé de le partager avec d'autres partis démocratiques. Après le 4 septembre allemand, le parti socialiste aura en Allemagne une bien plus grande part de pouvoir qu'il n'en a eu en France après le 4 septembre français. Mais Liebknecht n'assure point qu'il aura tout le pouvoir, tout le gouvernement. Il est possible qu'il soit tenu d'en réserver une part à la démocratie bourgeoise. Que devient alors le gouvernement *de classe ?*

Mais il y a une seconde hypothèse : c'est celle où les pouvoirs dirigeants d'Allemagne, sentant le danger, préviendront la catastrophe par une politique de réformes.

Dans ce cas, dit Liebknecht, notre parti devrait être appelé à prendre part au gouvernement, et spécialement chargé d'améliorer les conditions du travail.

Ainsi, il ne s'agit pas pour Liebknecht, dans cette évolution politique et sociale, de la prise de possession complète du pouvoir par le parti socialiste. Liebknecht ne peut pas s'imaginer, et ne s'imagine point en effet, que sous l'empire, sous un Guillaume Premier, ou un Guillaume II, ou un Guillaume III, le parti socialiste recevra d'emblée tout le pouvoir que, peut-être, au lendemain même de la chute violente de l'empire, il ne pourra saisir tout entier. Non, c'est seulement une part du pouvoir, une part du gouvernement que les *hautes régions* confieront au parti socialiste. Et aux yeux de Liebknecht il y a là une nécessité absolue. Pour que la politique de réformes soit possible, pour qu'elle soit efficace, pour qu'elle inspire confiance au peuple allemand, il faudra que le Parti socialiste contribue à la diriger. Il faudra qu'il soit représenté au gouvernement et qu'il y agisse. Liebknecht va jusqu'à désigner, ou à peu près, le ministère qu'il devra occuper : et cela ressemble fort au ministère du travail proposé par le citoyen Vaillant ou au ministère du commerce occupé par le citoyen Millerand. Et Liebknecht dit avec raison qu'il y aura des degrés, des nuances, des modalités sans nombre dans cette participation du socialisme au pouvoir. Selon que le parti socialiste sera plus ou moins puissant et organisé, selon qu'il exercera une influence plus profonde ou inspirera une crainte plus vive, sa participation au pouvoir sera plus ou moins étendue et plus ou moins effective. Son action sur l'ensemble du gouvernement non socialiste auquel il sera associé pour une oeuvre de réforme sera plus ou moins décisive et les réformes elles-mêmes auront une portée socialiste plus ou moins grande, un caractère prolétarien plus ou moins marqué.

*

* *

Jamais vue plus large ne fut jetée sur l'avenir ; et je considère la publication de ces pages posthumes de Liebknecht comme un événement capital dans la vie politique et sociale de l'Allemagne, dans la vie du socialisme universel.

Notez bien que cette participation au pouvoir, c'est sous des institutions d'Empire que Liebknecht la prévoit pour le parti socialiste. En 1881, sous l'état de siège institué par Bismarck, sous la coalition de presque tous les partis acharnés contre le socialisme, Liebknecht, en sa pensée hardie et sereine,pressent que les socialistes seront appelés au pouvoir, que les empereurs mêmes seront contraints de les y appeler : et les socialistes ne se refuseront pas à cette revanche partielle, ils ne se refuseront pas à cette oeuvre partielle. Prêts à tirer le plus large parti de la révolution si elle est déchaînée par quelque cataclysme national, ils sont prêts aussi à entrer dans l'évolution si c'est sous la forme de l'évolution que les destins s'accomplissent. Ils sont prêts, dans l'intérêt de la nation et dans l'intérêt du prolétariat, à être les ministres du kaiser.

Par quel phénomène extraordinaire, par quelle contradiction inexplicable, l'homme qui, en 1881, en pleine ferveur de combat révolutionnaire, avait pensé, médité, écrit ces pages fortement travaillées, par quel prodigieux renversement d'idées ce même homme a-t-il condamné aussi âprement l'entrée d'un socialiste français dans un gouvernement bourgeois ?

Je me risquerai seulement à conjecturer que son erreur dans l'affaire Dreyfus avait faussé sa vue pour les événements qui en étaient la suite. Presque seul dans la démocratie socialiste allemande, il avait mal jugé le fond même de l'affaire, et il en avait méconnu le sens politique et social : dès qu'il était engagé dans une pensée, dans une voie, il y persévérait avec une inflexibilité que sonisolement même aggravait. Plus il était seul, plus il s'obstinait à avoir raison ; c'était l'envers inévitable de ses qualités souveraines de fermeté, d'élan et de confiance. Donc tout ce qui se rattachait par un lien historique à une agitation qu'il avait désapprouvée lui était suspect ou importun. Ainsi l'application de sa méthode de 1881 se produisant en France, dans des circonstances qui l'irritaient, il ne reconnut pas, dans la marche des choses, sa propre pensée.

Essaiera-t-on d'en diminuer la valeur en disant qu'il n'avait point publié son oeuvre ? Pris par le tourbillon de l'action, surchargé des tâches quotidiennes, il ne l'avait point achevée. Mais il ne l'a ni détruite ni désavouée. Peut-être avait-il jugé qu'il serait imprudent de livrer à l'ennemi le secret de sa pensée, de la tactique entrevue pour l'avenir. Peut-être encore fut-il quelque peu déconcerté par les événements qui suivirent la chute de Bismarck. Ce grand ennemi du chancelier en a toujours grossi et pour ainsi dire satanisé le rôle. Il croyait que Bismarck entraînerait l'empire aux abîmes, le précipiterait en quelque catastrophe nationale. Bismarck fut congédié à l'extrême vieillesse sans avoir compromis par une seule imprudence la paix de l'Europe et la solidité de l'empire. Liebknecht s'imaginait qu'en Bismarck résidait, avec tout le péril, toute la force de l'empire. Bismarck tombé, l'institution impériale n'avait plus de point d'appui et elle devait fléchir en un régime de transaction où les forces socialistes et populaires se déploieraient jusqu'à pénétrer le pouvoir. Mais Guillaume II, après avoir congédié Bismarck, sut maintenir l'empire avec son caractère autocratique et conservateur, et le parti socialiste demeura à l'état d'opposition violente et irréductible. A quoi bon alors tracer ce programme d'action, de réalisation, en un temps qui restait un temps de combat à outrance, défensif et offensif ? Par là s'explique sans doute que Liebknecht n'ait pas produit à la lumière cette oeuvre si importante, qui révèle tout un grand aspect de sa pensée. Je l'avoue, en lisant ces lignes si nettes, si fortes, je me prenais à regretter qu'elles n'eussent pas été connues du congrès international de Paris de 1900. Il a acclamé avec une sorte de piété la grande mémoire de Liebknecht ; peut-être quelques âpres paroles auraient été adoucies si l'on avait su qu'elles frappaient Liebknecht lui-même.

LIEBKNECHT ET LA TACTIQUE

Au demeurant, c'est toute la tactique du parti que Liebknecht considère comme nécessairement contingente et variable. Jamais ce qu'on appelle depuis quelque temps, avec une intention blessante, *l'opportunisme socialiste*, n'a été plus énergiquement formulé. Je traduis :

Nous sommes arrivés maintenant à la fin des considérations générales. Avant d'entrer dans les points de détail, résumons brièvement ce qui a été dit.

Nous avons vu qu'il est impossible de tracer d'avance à notre parti une tactique valable pour tous les cas. La tactique se détermine d'après les circonstances. L'intérêt du parti forme l'unique loi, l'unique règle.

Nous avons vu que les buts du Parti doivent être entièrement distingués des moyens qui devront être employés pour atteindre ces buts.

Les buts du Parti se dressent immuables, — abstraction faite, bien entendu, d'un élargissement scientifique, d'une correction et d'un perfectionnement du programme. Au contraire, les moyens de combat et l'usage qui en est fait peuvent changer et doivent changer.

Nous avons vu que le parti, pour être capable du plus haut degré possible d'organisation efficace et d'action, doit avoir avant toutes choses une claire notion de l'essence de notre mouvement, et qu'il ne peut jamais négliger l'essentiel pour l'inessentiel.

L'essentiel, pour nous, c'est que les principes inaltérés du socialisme soient réalisés le plus rapidement possible dans l'État et la société. l'inessentiel, c'est*comment* ils seront réalisés. Non que nous prétendions diminuer la valeur de la tactique. Mais la tactique n'est qu'un moyen en vue d'un but, et tandis que le but se dresse ferme et immuable, on peut discuter sur la tactique. Les questions de tactique sont des questions pratiques, et elles doivent être absolument distinguées des questions de principes.

Nous avons vu en particulier qu'il est absolument injustifié de tenir la tactique de la force pour la seule tactique révolutionnaire, et de déclarer mauvais révolutionnaire celui qui n'approuve pas cette tactique sans condition. nous avons montré que la force en elle-même n'est pas révolutionnaire, qu'elle est bien plutôt contre-révolutionnaire.

Nous avons démontré la nécessité de nous émanciper de la phrase, et de chercher la force du parti dans la pensée claire, dans l'action méthodique et intrépide, non dans des phrases de violence révolutionnaire, qui trop souvent cachent seulement le défaut de clarté et de force d'action.

Voilà de grands enseignements. Mais si les questions de tactique sont à ce point secondaires, quel obstacle s'oppose à la large unité du socialisme ? Sur le but, sur la réalisation du socialisme, sur la nécessité d'une organisation sociale de la propriété en vue de supprimer tout prélèvement sur le travail, et d'assurer le plein développement de toute individualité humaine, tous les socialistes sont d'accord. Ils diffèrent sur les moyens, sur la tactique. Les uns ont cru, selon la pensée de Liebknecht, que dans la période de lente dissolution du régime capitaliste, et de lente élaboration du régime socialiste, les socialistes seraient nécessairement appelés un jour au partage du pouvoir gouvernemental. Les autres ont cru le contraire. C'est une question de tactique, et non une question essentielle. Les uns, empressés à multiplier les barrières, ont proclamé que le refus constant, systématique, inconditionnel du budget était un signe authentique et nécessaire de socialisme. Les autres ont dit tout doucement qu'il ne fallait pas lier le parti et que si un budget contenait de grandes réformes, s'il était à ce titre combattu et refusé par la réaction, les socialistes, en le refusant aussi, feraient acte de duperie et de contre-révolution. C'est encore une question de tactique, qui sera résolue par les nécessités mêmes de la vie et par l'évolution politique et sociale, et qui ne vaut pas qu'on se jette l'anathème et qu'on se sépare.

De même que la tactique est variable, le programme, qui est après tout une partie de la tactique, peut être modifié, revisé, complété. Je crois, pour ma part, qu'il est tout à fait incomplet et étrangement inefficace, qu'il ne répond plus à l'état de croissance du prolétariat, et qu'il doit être complété par toute une série de mesures introduisant graduellement la classe ouvrière dans la puissance économique et ébauchant un demi-communisme dans la production paysanne. D'autres, au contraire, répugnent à tout programme d'action qui risquerait, selon eux, en faisant pénétrer le prolétariat dans l'organisation économiqued'aujourd'hui, d'émousser son instinct de classe. Sur ce point, quand nous voudrons, les uns et les autres, penser clair, il y aura des controverses très étendues. Mais ici encore c'est d'une question de tactique, c'est-à-dire, comme dit Liebknecht, d'une question naturellement controversable qu'il s'agit. Donc toute scission est factice et mauvaise.

*

* *

Si Liebknecht dit vrai, si le recours à la force risque d'être contre-révolutionnaire, si nous pouvons et devons l'emporter par la propagande, l'organisation, la pensée claire et le maniement vigoureux de la légalité, il ne suffit pas de répéter le propos de Liebknecht : il faut l'appliquer avec méthode, avec constance. Ceux qui parlent alternativement du bulletin de vote et du fusil, ceux qui, selon la faveur ou la défaveur momentanée du suffrage universel, lui font crédit ou le rebutent, troublent par l'incohérence de leurs impressions la marche du parti.

Ici, je n'accuse pas les autres plus que moi-même. Tous ou presque tous nous avons un grand désordre dans nos idées tactiques, et notre action en est contrariée et affaiblie. Par nos fréquents appels à la légalité républicaine, par notre pratique constante du suffrage universel, nous affaiblissons l'instinct de révolte et la tradition du coup de main du révolutionnarisme classique. Par nos appels intermittents et de pure rhétorique à la force, « au fusil », nous affaiblissons nos prises sur le suffrage universel. Il faudra sans doute prendre un parti et nous demander s'il est utile de marquer de quelques grains de poudre, qui d'ailleurs ne s'enflamment pas, les bulletins que, légalement, nous mettons et nous appelons dans l'urne.

Avons-nous besoin de la majorité, et pouvons-nous la conquérir ? Voilà le problème. Si oui, l'appel à la force devient, en effet, comme dit Liebknecht,*contre-révolutionnaire.*

Or, Liebknecht dit : oui.

Je traduis encore :

Nous avons fait remarquer enfin que le parti, pour pouvoir réaliser les idées socialistes, doit conquérir le pouvoir indispensable pour cela, et qu'il doit le faire avant tout par la voie de la propagande.

nous avons montré que le nombre de ceux qui sont poussés par leurs intérêts dans les rangs de nos ennemis est si petit qu'il en devient presque négligeable, et que l'immense majorité de ceux qui ont à notre égard une attitude hostile ou au moins peu amicale ne font cela que par ignorance de leur propre situation et de nos efforts, et que nous devons employer toute notre énergie à éclairer cette majorité et à la gagner à nous.

Ainsi, Liebknecht a posé le problème exactement, littéralement, comme je le pose : des moyens de conquérir à l'entier idéal socialiste l'immense majorité de la nation par la propagande et l'action légale.

*
* *

Liebknecht est si préoccupé de trouver un large terrain sur lequel il pourra d'abord assembler presque toute la nation pour l'élever ensuite, de degré en degré, jusqu'à l'entier socialisme, qu'il considère comme une préparation au socialisme même les lois d'assurance proposées par Bismarck. Bien que la loi sur les accidents ne soit à ses yeux qu'une bagatelle, un bibelot de carton, il y voit une reconnaissance première de la pensée socialiste :

Elle contient de façon décisive, dit-il, le principe de la réglementation de la production par l'État en face du système du laissez-faire de l'école de Manchester. Le droit pour l'État de réglementer la production contient le devoir pour l'État de s'intéresser au travail, et le contrôle du travail social par l'État conduit tout droit à l'organisation du travail social par l'État.

Voilà ce que disait Liebknecht de la loi sur les accidents, qui de toutes les lois d'assurance est la plus superficielle, la plus extérieure au travail. Mais combien cela est plus vrai encore de la loi d'assurance sur les pensions de vieillesse et d'invalidité qui crée un droit nouveau de la classe ouvrière, qui constitue au prolétariat un patrimoine à la fois collectif et individuel ; comme surtout cela sera vrai de l'assurance contre le chômage, qui est nécessaire et possible, et qui introduira la classe ouvrière organisée au cœur même de la production.

*

* *

Liebknecht constate comme un des signes les plus décisifs de la croissance du socialisme en Allemagne, que presque tous les partis sont obligés d'adhérer à ces projets de législation.

Tous les partis, dit-il, à l'exception des anarchistes manchestériens les plus surannés, qui veulent dissoudre l'état en atomes et livrer la société à la *libre*exploitation des classes possédantes, rivalisent entre eux de sollicitude pour *le pauvre homme* et pour la classe ouvrière ; et il est hors de doute que le prince de Bismarck, s'il le veut, peut trouver dans le présent reichstag une majorité pour son socialisme d'État. Que le clergé protestant et catholique, que les hobereaux et grands propriétaires fonciers s›accommodent du socialisme d›État — les prêtres l›appellent socialisme chrétien, — il n›y a point là de quoi s›étonner.

Mais c'est un phénomène saisissant et sans analogue dans l'histoire des temps nouveaux, que de voir le parti national libéral, qui, si cassé et chétif soit-il, est toujours partie essentielle de la bourgeoisie allemande, et qui est même la bourgeoisie par excellence, réconcilié avec le socialisme d'État.

Qu'est-ce à dire ? Et puisque la force des choses, l'organisation croissante du parti socialiste et du prolétariat amènent les classes mêmes et les partis qui y répugnaient le plus à accepter enfin des projets de législation sociale « qui conduisent tout droit au socialisme », puisque l'immense majorité de la nation a pu ainsi être engagée dans les voies socialistes et comme soulevée à un premier degré d'organisation sociale, c'est donc que l'immense majorité de la nation peut être haussée, de degré en degré, par une propagande toujours plus active et plus claire, par une influence prolétarienne toujours plus énergique et par un mécanisme de réformes toujours plus prenant, jusqu'au niveau même de notre entier idéal.

C'est la conclusion ferme et forte de Liebknecht. Par la propagande et l'action légale, la grande majorité de la nation peut être conquise par nous et amenée au socialisme complet. Par les chemins qui s'élèvent de l'individualisme bourgeois au socialisme d'État, et du socialisme d'État au socialisme communiste, prolétarien et humain, toute la nation montera, si nous le voulons bien, à l'exception d'un tout petit nombre d'éléments réfractaires et impuissants.

Les majorités peuvent et doivent être légalement à nous.

« ÉLARGIR, NON RESSERRER »

Il y a bien des contradictions dans la pensée de Liebknecht. J'imagine que dans son esprit, comme dans l'esprit de beaucoup de socialistes de la première heure, il y avait lutte entre les formules intransigeantes du début et les nécessités nouvelles du parti agrandi, et que dans cette lutte il ne parvenait pas toujours à se fixer.

Liebknecht avait commencé par être un révolutionnaire *antiparlementaire*. il avait dit et écrit que le parlement était un marais où s'enfonceraient les énergies socialistes. Il avait écrit que même pour la propagande, la tribune du parlement était inutile, car la propagande se faisait bien mieux dans le pays même. Quand la force des choses et la croissance du parti obligèrent Liebknecht à dépouiller ces formules, quand lui et ses amis entrèrent au parlement, il garda pourtant quelque souvenir de son intransigeance première. Il rappelle, dans les fragments cités par le *Vorwaerts*, qu'il s'opposa à ce que le groupe socialiste fût représenté par un délégué dans la « commission des doyens », qui règle le travail parlementaire. Ses collègues ne l'écoutèrent point, et ils eurent bien raison ; car à quoi bon entrer au Parlement, si sous prétexte de ne pas se compromettre, on se refuse, dans le détail, à tout ce qui peut rendre l'action parlementaire efficace.

Je ne note ce menu trait que parce qu'il caractérise un état d'esprit. Gêné par ses paroles tranchantes d'autrefois, Liebknecht, un moment, affectait d'être au parlement comme s'il y était pas. Quand il réfléchissait aux conditions de réalisation du socialisme, quand dans la sincérité de sa pensée il interrogeait l'avenir, il aboutissait à une conception tout à fait large : il voyait le socialisme pénétrant peu à peu la démocratie et s'imposant, par des conquêtes partielles et successives du pouvoir, même au gouvernement de la société bourgeoise en transformation. Puis, il était troublé et repris par les habitudes premières d'intransigeance. C'est de cette contradiction entre des formules anciennes qui ont cessé d'être vraies, mais qu'on n'ose rejeter nettement, et des nécessités nouvelles que l'on commence à reconnaître, mais qu'on n'ose pleinement avouer, que viennent les malaises, les mouvements chaotiques du socialisme à l'heure présente. C'est par une contradiction de cette sorte que Liebknecht, dans le manuscrit même où il prévoit la collaboration gouvernementale du socialisme avec d'autres fractions de la démocratie, répète pourtant et semble prendre à son compte la phrase simpliste si vigoureusement condamnée par Marx : « Tous les partis ne forment, vis-à-vis du socialisme, qu'une seule masse réactionnaire. » C'est absolument contraire à la pratique même des socialistes allemands, qui ne craignent pas, contre les hobereaux, contre la survivance de la féodalité agraire, de soutenir les bourgeois libéraux. Mais, par l'absolu de cette formule étroite, Liebknecht se faisait pardonner la conception générale, vaste et souple, qu'il apportait.

Il définissait en effet très largement la classe ouvrière :

Le concept de classe ouvrière ne doit pas être entendu trop étroitement. Comme nous l'avons exposé dans la presse, dans les écrits de propagande et à la tribune, nous comprenons dans la classe ouvrière tous ceux qui vivent exclusivement ou *principalement* du produit de leur travail et qui ne s'enrichissent point par le concours du travail d'autrui.

Ainsi, dans la classe ouvrière doivent être compris, outre les travailleurs salariés, la classe des paysans et cette petite bourgeoisie qui tombe de plus en plus dans le prolétariat — c'est-à-dire tous ceux qui souffrent du système actuel de la grande production.

Quelques-uns prétendent, il est vrai, que le prolétariat des salariés est la seule classe vraiment révolutionnaire et qu'il forme seul l'armée du socialisme — que tout ce qui vient des autres états ou des autres classes doit être considéré avec méfiance. Par bonheur, des conceptions aussi dépourvues de sens n'ont jamais été accueillies par la démocratie socialiste allemande.

La classe des salariés est celle qui est le plus directement soumise à l'exploitation ; elle fait directement face aux exploiteurs, et elle a surtout cet avantage que par sa concentration dans les fabriques et chantiers, elle est excitée à une pensée active et tout naturellement organisée en « bataillons de travailleurs ». Cela lui communique un caractère révolutionnaire qu'aucune partie de la société n'a au même degré. Il faut le reconnaître sans réserve.

Chaque salarié est ou socialiste, ou en voie de le devenir. Les salariés des ateliers nationaux de France, que le gouvernement bourgeois de la République de février voulait utiliser contre le prolétariat socialiste, furent au moment décisif des protagonistes du prolétariat ; et semblablement, nous voyons comment les unions de métiers, qui avaient été fondées par des agents de la bourgeoisie allemande pour combattre les travailleurs socialistes, ou bien n'ont qu'un semblant d'existence, ou bien entrent dans le courant des idées socialistes. Le salarié est conduit au socialisme j)ar tout son milieu, par toutes les conditions où il se trouve. Les conditions mêmes de son existence l'obligent à penser et des qu'il pense, il est socialiste.

Mais si c'est le salarié qui souffre le plus directement et le i)lus visiblement du système d'exploitation capitaliste, les petits bourgeois et les paysans n'en sont pas moins gravement atteints xjar celui-ci, quoique de manière moins directe et moins visible.

La triste situation des petits cultivateurs dans presque toute l'Allemagne est aussi connue que le mouvement de l'artisanerie... Les petits bourgeois et les petits propriétaires i)aysans, parce qu'ils ne connaissent pas bien les causes profondes de leur triste situation, sont encore dans le camp de nos adversaires ; mais il est pour notre parti de la plus haute importance de les éclairer et de les amener à nous. C'EST UNE QUESTION VITALE POUR NOTRE PARTI, PARCE QUE CES DEUX CLASSES FORMENT LA MAJORITÉ DE LA NATION.

Il serait sans doute naïf et même fou d'exiger que, pour réaliser pratiquement nos principes, nous ayons en poche une majorité toute prête et toute cachetée. MAIS IL SERAIT ENCORE PLUS NAÏF DE CROIRE QUE NOUS POURRIONS RÉALISER NOS PRINCIPES CONTRE LA VOLONTÉ DE l'ÉNORME MAJORITÉ DE LA NATION.

C'est une erreur funeste que les socialistes français ont payée chèrement.

Peut-on combattre plus héroïquement que les ouvriers de Paris et de Lyon ? Et chaque combat ne se terminait-il point par une sanglante défaite, par les plus horribles représailles des vainqueurs et par le long épuisement du prolétariat ? Le prolétariat français n'a pas encore suffisamment reconnu la nécessité de l'organisation et de la propagande, et c'est pour cela que jusqu'ici il a été régulièrement vaincu.

La leçon de la Commune semble heureusement avoir servi à l'éducation du prolétariat. Nos camarades français travaillent avec zèle à l'organisation, et s'appliquent à la propagande, particulièrement dans la campagne.

Les socialistes allemands ont compris dès longtemps l'importance de la propagande et la nécessité de gagner à nous la petite bourgeoisie et les petits propriétaires paysans.

Seule une minorité infinie a demandé que le mouvement socialiste fût limité à la classe des salariés ...

Les phrases écumantes et théâtrales de ces fanatiques « de la lutte de classe » recouvraient un fond de machiavélisme féodal et policier.

Le socialisme de parade hyperrévolutionnaire, qui ne fait appel « qu'aux mains calleuses », a deux avantages pour la réaction : d'abord il limite le mouvement socialiste à une classe qui en Allemagne est trop peu nombreuse pour accomplir une révolution ; et en second lieu, il fournit un excellent moyen pour effrayer la grande masse du peuple, à demi indifférente, surtout les paysans et la petite bourgeoisie, qui ne sont pas encore arrivés à une activité politique autonome.

Et Liebknecht conclut tout cet ordre de pensées par ces fortes paroles :

Il ne faut pas demander : Es-tu salarié ? mais : es-tu socialiste ?

Réduit aux salariés, le socialisme est incapable de vaincre. Compris par l'ensemble du peuple qui travaille et par l'élite morale et intellectuelle de la nation, sa victoire est certaine.

Pourquoi devons-nous maintenant subir la persécution infligée à nos amis ? Pourquoi sommes-nous soumis aux plus indécentes brutalités ?

Parce que nous sommes encore faibles.

Et pourquoi sommes-nous faibles ?

Parce que seule une petite partie du peuple connaît la doctrine socialiste.

Et nous devrions, nous qui sommes faibles, accroître encore notre faiblesse en écartant de nous des milliers d'hommes, sous prétexte que le hasard n'a pas fait d'eux les membres d'un groupe social déterminé ? La sottise serait ici trahison envers le Parti.

Ne pas resserrer — étendre, voilà quelle doit être notre devise. De plus en plus le cercle du socialisme doit s'élargir, *jusqu'à ce que nous ayons converti la majorité de nos adversaires à être nos amis, ou que tout au moins nous les ayons désarmés.*

Et la masse indifférente, qui dans les temps paisibles n'est d'aucun poids dans la balance politique, mais qui dans les temps d'agitation est la force décisive, doit être si largement éclairée sur les buts et l'essence même de notre parti, qu'elle cesse de le craindre et qu'elle ne puisse plus être lancée contre nous comme la meute de la sorcière.

Toutes les mesures législatives, que, si l'occasion nous en est offerte, nous aurons à appuyer, doivent avoir pour but de prouver L'APTITUDE DU SOCIALISME À SERVIR LES INTÉRÊTS COMMUNS, et de détruire les préjugés courants contre nous.

Ainsi Liebknecht conçoit toute une période d'action législative, où le socialisme fera, si je puis dire, ses preuves de large compréhension, où il apparaîtra aux plus aveugles comme un parti d'intérêt général, et où il habituera ainsi tous les hauts esprits, toutes les nobles consciences, toute la petite bourgeoisie et les paysans, à le suivre jusqu'au bout de sa doctrine et de son idéal, sans répugnance et sans peur. Ce sera comme une propagande en action complétant la propagande de la parole.

LE SOCIALISME ET LES PRIVILÉGIÉS

Certes, le Parti socialiste ne doit pas être l'écho confus des intérêts discordants ; il ne doit pas livrer sa pensée au désordre du monde présent. 11 doit soumettre à l'ensemble du peuple un plan défini, des moyens précis d'évolution vers un but bien clair. Mais dans ce plan, dans ce programme, il doit tenir le plus grand compte de la diversité des éléments, des passions, des intérêts, des préjugés. Voici les paroles textuelles de Liebknecht :

Si nécessaire qu'il soit de laisser à tous les groupes d'intérêts le plus de jeu possible pour qu'ils manifestent leurs vues et leurs besoins, et d'admettre le peuple dans la plus large mesure possible à collaborer à la législation, il y aurait folie pour le gouvernement et pour le socialisme, — à abandonner à l'initiative du peuple toute la législation.

Le socialisme doit avoir un plan déterminé, facile à connaître, et le soumettre à la représentation du peuple, aux représentations diverses des intérêts.

La démocratie socialiste se distingue de tous les autres partis en ce que son activité ne se limite pas à quelques côtés de la vie de l'État et de la vie sociale, mais qu'elle embrasse également tous les côtés et s'efforce, par la réconciliation des antagonismes dans l'État et la société, de réaliser l'ordre, la paix et l'harmonie.

Elle n'est pas un parti des grands propriétaires et des féodaux, et par suite, elle n'a pas besoin de servir les intérêts des grands propriétaires et des hobereaux, comme le parti conservateur.

Elle n'est pas un parti de la bourgeoisie dans ses diverses branches, et par suite, elle n'est pas au service des intérêts particuliers et des goûts de domination de la bourgeoisie, comme le parti national-libéral et le parti progressiste.

Elle n'est pas un parti de la caste sacerdotale, et par suite elle n'est pas au service des intérêts particuliers et des goûts de domination de la caste des prêtres, comme le centre catholique et la faction protestante du christianisme social à la Stoecker.

Elle est le parti de l'ensemble du peuple, à l'exception de deux cent mille grands propriétaires, hobereaux, bourgeois et prêtres.

C'est donc vers l'ensemble du peuple qu'elle doit se tourner, et aussitôt que l'occasion lui en est offerte, lui fournir, par des propositions pratiques et des projets de loi d'un intérêt général, la preuve de fait que le bien du peuple est son unique but, et la volonté du peuple son unique règle.

Sans jamais violenter personne, mais avec un ferme propos et un but immuable, elle doit parcourir la voie de la législation.

Même celui qui aujourd'hui est en jouissance de privilèges et de monopoles, doit savoir que nous ne méditons aucunes mesures violentes, soudaines, contre des situations sanctionnées par la loi, et que nous sommes résolus, dans l'intérêt d'une évolution tranquille et paisible, à réaliser le passage de l'injustice légale à la justice légale avec le plus de ménagement possible pour les personnes et la condition des privilégiés et des monopolistes.

Nous reconnaissons qu'il y aurait injustice à rendre ceux qui se sont créé une situation privilégiée, avec le point d'appui d'une législation mauvaise, personnellement responsables de cette législation mauvaise, et à les en punir.

Nous déclarons expressément que c'est à notre avis un devoir de l'État, de donner à ceux qui peuvent être lésés dans leurs intérêts par l'abolition nécessaire des lois nuisibles à l'intérêt commun, une indemnité, autant que cela est possible et conciliable avec l'intérêt de l'ensemble.

Nous avons des devoirs de l'État envers les individus une plus haute idée que nos adversaires, et nous n'en dévierons pas, même si ce sont des adversaires que nous avons en face de nous.

Je ne cite point ces magnifiques paroles pour couvrir d'une autorité révolutionnaire la politique socialiste que j'ai en vue. Le Parti socialiste serait bien misérable et bien lâche si chacun de nous n'y disait pas toute sa pensée sans autre recours qu'à la raison.

Non, nous n'avons pas besoin de l'autorité de personne, de la protection de personne, pour chercher tout haut, avec le prolétariat lui-même, quelle est la route qui convient le mieux, quel est le chemin le plus large, le plus lumineux, le plus doux et le plus rapide.

Et à vrai dire, je crois que dans l'esprit même de Liebknecht, ces grandes idées si nobles et si pratiques tout ensemble étaient contrecarrées et obscurcies par trop d'idées différentes ou même opposées pour qu'elles aient pu agir utilement et profondément. Je crois que l'heure est venue de les méditer et d'en faire non plus l'heureux et brillant accessoire, mais le fond môme et la substance de notre politique et de notre pensée. Je crois que si le parti socialiste ne laissait pas ces grandes pensées à l'état de formule générale, s'il les réalisait en unprogramme précis d'évolution équitable et large vers un communisme bien défini, s'il donnait l'impression qu'il est à la fois généreux et pratique, ardent au combat et ami de la paix, très ferme contre les institutions iniques et décidé à les abattre méthodiquement, très conciliant aussi envers les personnes, il avancerait d'un demi-siècle la vraie Révolution sociale, celle qui serait dans les choses, dans les lois et dans les cœurs, non dans les formules et dans'les mots, et il épargnerait à la grande œuvre de la Révolution prolétarienne l'écœurante et cruelle odeur de sang, de meurtre et de haine qui est restée attachée à la Révolution bourgeoise.

*

* *

Mais je veux citer encore, avant de prendre congé de Liebknecht, quelques fragments où éclate le même souci de noble culture, de large humanité, d'équitable et paisible évolution :

Pour la propagande, comme pour l'action législative, nous devons ne jamais perdre de vue l'universalité de la conception socialiste...

L'un saisit surtout le côté économique du socialisme ; un autre, son côté moral et humain ; un troisième, son côté politique.

Dans la propagande et dans la législation, ces trois côtés doivent également valoir.

Le peuple doit éprouver que le socialisme n'est pas seulement la réglementation des conditions du travail et de la production, qu'il ne se propose pas seulement d'intervenir dans les fonctions économiques de l'État et de l'organisme social, mais qu'il a en vue le développement le plus complet de l'individu et de l'individualité, qu'il considère l'éducation comme un des devoirs essentiels de l'État, et qu'il fait consister l'idéal civil et social à réaliser en tout homme autant que possible l'idéal de l'humanité.

C'est dans l'union et la fusion des plus sublimes objets que réside la haute signification du socialisme.

Sans le côté économique, l'idéal humain serait suspendu en l'air.

Sans le côté humain, le but économique manquerait de consécration morale.

Les deux sont liés.

Il y a eu de tout temps des rêveurs qui se sont échauffés pour le bonheur de tout le genre humain. C'étaient ou des songes, ou des duperies, parce que le moyen substantiel et matériel de réalisation faisait défaut. La réglementation des rapports économiques, que le socialisme veut réaliser, et qui doit assurer avec l'accroissement de la production une répartition plus juste, crée le fondement économique d'une existence vraiment humaine, d'un développement harmonique de l'individu.

Même les bienfaits de la propriété commune et du travail associé ont été compris dans des époques antérieures, et le principe même de la communauté, du communisme y a été réalisé ; mais il y manquait l'idéal humain qui caractérise le socialisme, et ce communisme est tenu avec raison pour un degré de civilisation inférieur à notre société bourgeoise d'aujourd'hui.

Le socialisme présuppose notre civilisation moderne. Sur aucun point, il n'est en contradiction avec la civilisation moderne. Bien loin de lui être ennemi, il veut l'étendre à l'humanité tout entière, alors qu'elle est aujourd'hui le monopole d'une minorité privilégiée.

Ainsi, le socialisme, enveloppant dans son domaine toute la vie, tous les sentiments, toutes les pensées de l'homme, s'assure contre l'étroitesse et l'exclusivité ; il a en outre par là cet immense avantage de pouvoir exercer dans toute l'étendue de la vie civile et politique une action aussi salutaire qu'harmonique.

Une citation dernière, où se marque le souci Je l'action pratique. Liebknecht, ayant consacré à l'étude des réformes d'impôt plusieurs pages, ajoute :

Peut-être trouvera-t-on surprenant que nous attachions une telle importance aux questions d'impôt, puisque dans l'État organisé en socialisme il ne sera plus question d'impôts.

Il est vrai que si nous pouvions d'un saut passer dans l'État socialiste, la question de l'impôt ne devrait pas nous occuper. Car les ressources nécessaires pour les dépenses publiques proviendraient alors du produit du travail social, ou bien dans un ordre encore plus développé où toutes les fonctions économiques seraient chose d'État, il n'y aurait plus aucune différence entre les dépenses publiques et les dépenses privées.

Mais nous ne sauterons pas d'un coup dans le socialisme. Le passage s'accomplit continuellement, et il s'agit pour nous, dans les explications présentes, non pas de tracer le tableau de l'avenir — ce serait en toute circonstance un travail inutile — *mais de déterminer un programme pratique pour la période de transition, de formuler et de justifier des mesures qui soient immédiatement applicables et qui servent pour ainsi dire d'aides accoucheuses au monde socialiste.*

LES RAISONS

j'ai montré, et cela est l'évidence même, que la révolution de 1789 n'avait abouti que par la volonté de l'immense majorité de la nation. Et j'ai dit qu'à plus forte raison, pour l'accomplissement de la Révolution socialiste, il faudra l'immense majorité de la nation. J'espère bien, en constatant la grandeur de l'effort nécessaire, ne point décourager, mais animer au contraire les énergies et les consciences. D'ailleurs, si l'œuvre à accomplir est immense et suppose le concours d'innombrables volontés, je démontrerai aussi qu'immenses sont les ressources et les forces, et qu'il dépend de nous d'aller au but d'une marche certaine et victorieuse. Mais je dis que l'effort véhément d'une minorité socialiste ne suffirait pas et que nous devons rallier à nous la presque unanimité des citoyens. Voici pourquoi :

d'abord, ce n'est pas en face d'une masse inerte et passive que se trouverait la minorité socialiste révolutionnaire. Depuis cent vingt ans, depuis la révolution, les énergies humaines, déjà excitées par la réforme et la renaissance, ont été animées prodigieusement. Dans toutes les classes, dans toutes les conditions, il y a des volontés actives, des forces en mouvement. Partout les individus ont pris conscience d'eux-mêmes. Partout ils redoublent d'effort. La classe ouvrière est sortie du demi-sommeil et de la passivité. Mais la petite bourgeoisie aussi est agissante. Malgré le poids du système économique qui si souvent l'écrase, elle n'a point tout à fait fléchi : elle tente de se redresser. Et si bien souvent elle demande son salut aux conceptions les plus rétrogrades, à la politique la plus détestable et au plus stérile et avilissant nationalisme, elle n'en est pas moins une force active et passionnée. Elle forme des ligues, et à Paris elle tient en échec la démocratie socialiste et républicaine. C'est dire qu'elle opposerait une résistance peut-être décisive à un mouvement social auquel elle n'aurait pas été gagnée peu à peu, au moins partiellement.

De même, les petits propriétaires paysans ont joué dans toute notre histoire, depuis la révolution, un grand rôle, tantôt de réaction, tantôt de liberté. Sauf quelques exceptions glorieuses et assez étendues, ils ont pris peur en 1851 du spectre rouge, et ils ont contribué au succès du coup d'état et de l'empire. Depuis, ils ont été peu à peu conquis par la république et ils en sont une des forces vives. Ils ont le sentiment très net de leur puissance politique. Ils sont entrés dans les municipalités ; ils savent qu'ils font les députés, les conseillers généraux et les sénateurs, et ils ne toléreraient nullement un grand mouvement social qui se ferait sans eux.

Je crois qu'il est imprudent de dire que la neutralité des paysans suffirait, que le socialisme leur demanderait seulement de laisser faire. Aucune grande force sociale ne reste neutre dans les grands mouvements. S'ils ne sont pas avec nous, ils seront contre nous.

D'ailleurs, comme l'ordre collectiviste suppose le concours des paysans, comme il faudra, par exemple, qu'ils consentent à vendre leurs produits aux magasins sociaux, leur résistance passive suffirait à affamer et à perdre la révolution. Ils connaissent leur puissance et ils ne la laisseront point tomber de leurs mains. Même l'initiative économique dont ils font preuve depuis plusieurs années, l'esprit de progrès qui les anime, tout témoigne qu'ils n'assisteraient point inertes et passifs à de grands événements sociaux, dont les effets ne tarderaient point à se répercuter sur leur propre vie. Ou ils les seconderont, ou ils les refouleront.

J'ajoute que les classes privilégiées d'aujourd'hui ont infiniment plus d'autorité, et par conséquent de puissance que les classes privilégiées d'avant1789. La bourgeoisie industrielle est restée vivante. Elle suit les lois du progrès scientifique. Elle adopte sans cesse de nouvelles méthodes de production, elle renouvelle son outillage. Et même au point de vue de la lutte sociale, de la lutte des classes, elle renouvelle sa méthode de combat : l'invention des *syndicats jaunes* atteste qu'elle a des ressources de souplesse et d'audace. Quelle différence d'activité entre un grand prélat d'ancien régime et un grand capitaliste d'aujourd'hui ! Il en est, comme certains milliardaires américains, qui ont hérité de l'activité de Napoléon. Et en France même, dans des proportions plus modestes, la classe capitaliste est toujours en éveil. Ce n'est pas à des classes nonchalantes et assoupies, c'est à des classes agissantes, prévoyantes, hardies que le prolétariat doit arracher leur privilège. Comment le pourrait-il s'il n'a pas avec lui l'ensemble de la nation ? Si la masse de la nation lui est hostile, il sera écrasé. Et si elle est simplement défiante, les manoeuvres de la classe capitaliste ne tarderont pas à changer cette défiance en hostilité.

Ainsi, l'universelle trépidation de la vie moderne, l'universelle excitation des énergies ne permettent plus l'action décisive des minorités. Il n'y a pas de masse dormante qu'une impulsion vigoureuse puisse ébranler. Il y a partout des centres de force, qui deviendraient vite des centres de résistance, des points de réaction, si peu à peu leur mouvement propre ne se dirigeait pas dans le sens de la société nouvelle.

*

* *

En second lieu, la transformation de propriété que le socialisme veut et doit accomplir est beaucoup plus vaste, beaucoup plus profonde et beaucoup plus subtile que celle qui a été accomplie il y a cent dix ans par la bourgeoisie révolutionnaire.

En 1789, c'est une forme de propriété étroitement définie que frappait la Révolution. Quand elle nationalisait les biens du clergé, c'est une propriété corporative bien déterminée qu'elle absorbait. Hors de l'Église, hors du clergé régulier ou séculier, aucun citoyen, aucun possédant ne pouvait craindre que la mesure d'expropriation décrétée contre l'Église rejaillît sur lui. L'abbé Maury essaya en vain de semer la panique : les propriétaires bourgeois et paysans savaient trop que la propriété d'Église était bien définie et que l'expropriation ne pouvait pas s'étendre au delà de ses limites.

De même, quand la révolution abolit les droits féodaux, c'était aussi une mesure précise, aux effets connus d'avance et limités. Sans doute, il y avait des droits féodaux engagés dans des propriétés non féodales. Mais dans l'ensemble, c'étaient les seigneurs qui étaient atteints. La nature même de la redevance féodale, qui supposait un lien de dépendance personnelle, en réservait le bénéfice à une catégorie de personnes.

Au contraire, la propriété capitaliste est essentiellement diffuse. Elle n'a pas de limites certaines et connues. Elle n'est pas concentrée aux mains d'une corporation comme l'Église, ou d'une caste comme la noblesse. Les titres qui la représentent sont assurément bien loin d'être répandus autant que le dit l'optimisme de commande des économistes bourgeois. Mais enfin, ils ne sont pas réservés à telle catégorie de titulaires, et ils sont assez largement disséminés. Il y a de petits possesseurs jusque dans les villages. Et si un coup de minorité abolissait un moment la propriété capitaliste, partout s'allumeraient des foyers de résistance imprévus. C'est seulement par des transactions nuancées et précises, où leur intérêt sera pleinement sauvegardé, qu'on amènera les moyens et petits possesseurs à consentir à une transformation de la propriété capitaliste en propriété sociale. Or, ces transactions ne peuvent être ménagées, ces garanties ne peuvent être instituées que par la calme délibération et la volonté légale de la majorité de la nation. De même, la transformation de la propriété agraire et son évolution vers un système largement communiste seront impossibles tant que les paysans propriétaires ne seront pas pleinement rassurés.

L'adhésion des paysans propriétaires est d'autant plus nécessaire que par rapport à leur nombre le nombre des propriétaires ruraux va diminuant. Mais cette adhésion, ils ne la donneront pas à un mouvement soudain, dont ils n'auront pu calculer les effets. Ils ne la donneront qu'à un mouvement délibéré avec eux, et qui en accroissant tous les jours leur force de production et leur bien-être, les rassurera pleinement sur le but et le terme de l'action socialiste.

Ce n'est pas tout. En 1789, la révolution n'avait à accomplir, dans l'ordre de la propriété, qu'une œuvre négative. Elle supprimait, elle ne créait pas. Elle abolissait la propriété d'Église ; mais, ce domaine d'église, elle le mettait en vente. Elle le convertissait immédiatement en propriétés particulières d'un type déjà connu. De même, quand elle supprimait les droits féodaux, elle libérait la propriété paysanne d'une charge. Elle n'en modifiait pas le fond. Le paysan devenait plus pleinement propriétaire de ce qu'il possédait déjà. Mais la révolution Révolution ne suscitait aucune forme nouvelle de propriété. Elle n'imaginait aucun type social nouveau. Son œuvre libératrice revenait à briser des entraves. Elle n'avait pas à créer, elle n'avait pas à organiser : la société ne lui demandait que des destructions ; une fois ces destructions accomplies, c'est la société qui d'elle-même continuait, allègrement, la marche commencée.

Au contraire, il ne suffit pas à la Révolution socialiste d'abolir le capitalisme : il faut qu'elle crée le type nouveau selon lequel s'accomplira la production et se régleront les rapports de propriété. Supposez que demain tout le système capitaliste soit supprimé. Supposez que tout prélèvement capitaliste cesse, que le grand-livre de la dette publique soit anéanti, que les locataires ne payent plus de loyers, que les fermiers ne payent plus de fermages, que les métayers ne remettent plus au propriétaire bourgeois la moitié des fruits de la terre, que toute rente du sol, tout bénéfice commercial, tout dividende et profit industriel soient abolis ; si à cette destruction du capitalisme ne s'ajoutait pas immédiatement une organisation socialiste, si la société ne savait pas d'emblée comment, par qui, sera conduit le travail, quelle sera l'action de l'État, celle de la commune, celle du syndicat, comment, d'après quels principes seront rémunérés les producteurs, si elle n'était pas, en un mot, capable d'assurer le fonctionnement d'un système social nouveau, elle tomberait dans un abîme de désordre et de misère, et la Révolution serait perdue en un jour. Mais ce système social nouveau, ce ne peut être une minorité qui le crée et qui l'inspire. Il ne peut fonctionner qu'avec le consentement de l'immense majorité des citoyens. Et c'est la majorité des citoyens qui en multipliera peu à peu les ébauches et les germes. C'est elle qui, du chaos capitaliste, fera surgir graduellement des types variés de propriété sociale, coopérative, communale et corporative, et elle n'abattra les derniers pans du système capitaliste que lorsque les fondements de l'ordre socialiste seront assurés, lorsque l'édifice nouveau pourra mettre les hommes à l'abri. A cette œuvre immense de construction sociale, c'est l'immense majorité des citoyens qui doit concourir.

Qu'on n'oublie pas le caractère nouveau et grandiose de la révolution socialiste. Elle sera faite pour tous. Pour la première fois depuis l'origine de l'histoire humaine, un grand changement social aura pour objet non pas la substitution d'une classe à une autre, mais la destruction des classes, l'avènement de la commune humanité.

Dans l'ordre socialiste, ce n'est pas l'autorité d'une classe sur une autre qui maintiendra la discipline, la coordination des efforts : c'est la libre volonté des protecteurs associés.

Comment un système qui suppose la libre collaboration de tous pourrait-il être institué contre la volonté, ou même sans la volonté du plus grand nombre ? Toutes ces forces ou réfractaires ou inertes alourdiraient tellement la production socialiste, useraient en d'innombrables chocs ou frottements tant d'énergies et de ressorts, que le système ferait faillite. Il ne peut réussir que par la volonté générale et presque unanime.

Destiné à tous, il doit être préparé, accepté presque par tous, et même, pratiquement, par tous ; car il vient une heure où la force d'une majorité immense décourage les dernières résistances. Ce qui fait la noblesse du socialisme, c'est qu'il ne sera pas un régime de minorité. Il ne peut donc pas, il ne doit donc pas être imposé par une minorité.

*

* *

J'ajoute que le long exercice du suffrage universel a rendu de plus en plus difficiles et presque impossibles les entreprises des minorités. Le suffrage universel, en effet, fait incessamment la lumière sur les forces respectives des partis. Il en prend perpétuellement et il en publie la mesure. Or, il est très difficile à une minorité de tenter un mouvement, quand tout le pays sait et quand elle sait elle-même qu'elle est une minorité.

En 1830, en 1848, la minorité révolutionnaire soulevée pouvait croire, dire et faire croire qu'elle représentait la pensée de la majorité. Car cette majorité, sous le régime du suffrage restreint, restait inexprimée. Je ne parle pas de la chute de l'Empire, qui s'est effondré dans la défaite beaucoup plus que sous la révolution. Mais la grande faiblesse de la Commune assurément fut d'avoir en face d'elle une assemblée qui, quelque réactionnaire qu'elle fût, émanait ou paraissait émaner du suffrage universel et de la volonté générale.

La minorité qui, ayant participé au scrutin, en ayant accepté la mesure, tenterait de faire violence à la majorité, serait dans une situation fausse. Et elle trouverait en face d'elle une majorité qui, avertie de sa propre force par les chiffres authentiques du scrutin, ne céderait pas et rallierait probablement à elle bien des éléments de la minorité soulevée.

Or, le Parti socialiste ne se borne pas à demander partout le suffrage universel. Il le demande avec la représentation proportionnelle. Liebknecht, dans les fragments qu'a publiés le *Vorwaerts*, demande la représentation proportionnelle. Les socialistes belges l'ont soutenue. Le citoyen Vaillant, dans un article récent, adhérait en principe au scrutin de liste, sous la condition absolue que la représentation proportionnelle serait instituée. C'est aussi le sentiment du citoyen Guesde. Mais demander la représentation proportionnelle, c'est demander que chacune des forces, chacune des tendances du pays et de la société donne constamment sa mesure exacte. C'est vouloir que la part d'influence électorale et parlementaire de chaque parti soit exactement calculée sur sa force réelle dans le pays. C'est donc proclamer que toute législation est arbitraire, qui ne procède pas de la majorité vraie.

*

* *

Donc, de l'aveu de tous, la révolution socialiste s'accomplira par la volonté générale, par la force d'une majorité. Seuls, les partisans de la grève générale à caractère révolutionnaire croient que l'action du seul prolétariat industriel ou même de la portion la plus active et la plus consciente de ce prolétariat suffira à déterminer l'avènement du communisme, *la Révolution sociale.*

GRÈVE GÉNÉRALE ET RÉVOLUTION

Quand on parle de grève générale, il faut commencer par bien définir le sens des mots. Il ne s'agit pas, bien entendu, de la grève générale d'une seule corporation. Par exemple, quand les ouvriers mineurs de toute la France, décident, à la majorité, qu'il y a lieu pour eux de se mettre en grève pour obtenir la journée de huit heures, une pension de retraite plus élevée et un minimum de salaires, c'est une grève très importante, et on peut l'appeler la grève générale des ouvriers mineurs. Mais ce n'est point là ce qu'entendent, par *la grève générale*, ceux qui y voient l'instrument décisif d'émancipation. Il ne s'agit point, dans leur pensée, d'un mouvement restreint à une corporation, si vaste soit-elle. D'autre part, il serait puéril de dire qu'il n'y aura grève générale que si la totalité des salariés, dans toutes les catégories de la production, cesse simultanément le travail. La classe ouvrière est trop dispersée pour qu'une pareille unanimité de grève soit possible et même concevable.

Mais le mot de grève générale a un autre sens, très précis à la fois et très étendu. Il signifie que les corporations les plus importantes, celles qui dominent tout le système de la production, arrêteront à la fois le travail. Si, par exemple, les ouvriers de chemins de fer, les ouvriers mineurs, les ouvriers des ports et des docks, les ouvriers métallurgiques, les ouvriers des grands tissages et des grandes filatures, les ouvriers du bâtiment dans les grandes villes arrêtaient simultanément le travail, il y aurait vraiment grève générale. Car pour qu'il y ait grève générale, il n'est point nécessaire que la totalité des corporations entre en ligne, il n'est même pas nécessaire que dans les corporations qui participent au mouvement, la totalité des ouvriers fasse grève. Il suffit que les corporations où la puissance capitaliste est le plus concentrée, où la puissance ouvrière est le mieux organisée, et qui sont comme le nœud du système économique, décident la suspension du travail, et il suffit qu'elles soient écoutées par un nombre d'ouvriers tel que, pratiquement, le travail de la corporation soit suspendu.

A la grève générale ainsi entendue, on ne peut objecter ni qu'elle est chimérique ni qu'elle serait inefficace. à mesure que s'étend l'organisation ouvrière, ces mouvements d'ensemble deviennent possibles. Et s'ils se produisent, ils peuvent exercer sur les classes dirigeantes un effet profond. Ce n'est plus une corporation, si puissante qu'elle soit, qui refuse le travail, c'est tout un ensemble de corporations. Ce n'est donc plus un mouvement corporatif : c'est un mouvement de classe. Et comment un mouvement général de la classe essentiellement productive, de celle que rien ne supplée, pourrait-il être sans action ?

*

* *

Mais, ici, il ne faut pas d'équivoque. Il ne faut pas s'imaginer que le mot de grève générale a une vertu magique et que la grève générale elle-même a une efficacité absolue et inconditionnée. La grève générale est pratique ou chimérique, utile ou funeste, suivant les conditions où elle se produit, la méthode qu'elle emploie et le but qu'elle se propose.

Il y a, à mon sens, trois conditions indispensables pour qu'une grève générale puisse être utile : — 1° il faut que l'objet en vue duquel elle est déclarée passionne réellement, profondément, la classe ouvrière. — 2° il faut qu'une grande partie de l'opinion soit préparée à reconnaître la légitimité de cet objet. — 3° il faut que la grève générale n'apparaisse point comme un déguisement de la violence, et qu'elle soit simplement l'exercice du droit légal de grève, mais plus systématique et plus vaste, et avec un caractère de classe plus marqué.

Et tout d'abord, il est nécessaire que l'ensemble des ouvriers organisés attache un très grand prix à l'objet en vue duquel est déclarée la grève. Ni les décisions des congrès corporatifs ni les mots d'ordre des comités ouvriers ne suffiraient à entraîner la classe ouvrière dans une lutte toujours redoutable. Pour affronter les privations et la misère, même pour échapper aux influences du milieu dont on est enveloppé, il faut une grande énergie. Or, cette énergie ne peut être suscitée dans toute une classe que par une grande passion. Et la passion à son tour n'est excitée dans les âmes, à ce degré où elle devient agissante et combattante, que par un intérêt à la fois très grand et très prochain, par un objet très important et d'une réalisation immédiate.

Par exemple on comprend très bien que les corporations les mieux organisées, les plus conscientes, sous l'action d'une propagande étendue et précise, arrivent à se passionner pour la journée de huit heures, pour les retraites de vieillesse et d'invalidité, pour l'assurance sérieuse et certaine contre le chômage. On comprend, si les pouvoirs publics résistent ou éludent, que la classe ouvrière, dans la profondeur de sa conscience, accumule assez d'énergie et de passion pour déclarer une grande et persévérante grève. Alors, c'est pour des objets vastes et précis, c'est pour des réformes étendues, claires et immédiatement réalisables qu'elle lutte. Alors, le signal donné par les organisations ouvrières sera suivi ; sinon, non.

Mais il ne suffit pas que le prolétariat soit réellement animé et passionné. Il ne suffit pas qu'il obéisse à sa propre impulsion intérieure et non à un mot d'ordre extérieur. Il faut encore qu'il ait démontré à une fraction notable de l'opinion que ses revendications sont légitimes et réalisables immédiatement. Toute grève générale apportera nécessairement un trouble dans les relations économiques ; elle contrariera bien des habitudes ou même atteindra bien des intérêts. L'opinion de l'ensemble du pays — et même de cette partie très importante des salariés de tout ordre qui ne sera pas entrée dans le mouvement — se prononcera donc avec force contre ceux qui seront rendus responsables de la prolongation du conflit. Or, l'opinion ne rendra la classe capitaliste responsable et ne se tournera vigoureusement contre elle que si, par une propagande ardente et substantielle, l'équité des revendications ouvrières et la possibilité pratique d'y satisfaire immédiatement lui ont été démontrées. Alors, c'est contre l'égoïsme des grands possédants, c'est contre la routine ou l'égoïsme des pouvoirs publics qu'elle se prononcera, et la grève générale aboutira à un succès notable. Au contraire, si la masse indifférente n'avait pas été avertie et en partie conquise, c'est contre les grévistes qu'elle se prononcerait. Et comme aucune force, même révolutionnaire, ne prévaut contre l'opinion de l'ensemble du pays, la classe ouvrière subirait un désastre très étendu.

*

* *

Enfin, je dis que si la grève générale est présentée et conçue non comme l'exercice plus vaste et plus cohérent du droit légal de grève, mais comme le prodrome et la mise en train d'une action de violence révolutionnaire, elle provoquera d'emblée un mouvement de terreur et de réaction auquel la fraction militante du prolétariat ne suffira point à résister.

C'est pourtant à cette conception que se sont arrêtés quelques-uns des théoriciens de la grève générale. Ils croient que la grève générale des corporations les plus importantes suffira à déterminer la révolution sociale, c'est-à-dire la chute de tout le système capitaliste et l'avènement du communisme démocratique et prolétarien. La vie économique du pays sera suspendue ; les voies ferrées seront désertes ; la houille nécessaire à l'industrie restera ensevelie sous terre : les navires ne pourront même plus aborder les quais où nul ouvrier ne déchargera les marchandises. Partout, arrêt de la circulation, de la production. Naturellement, il y aura un grand malaise. Les masses ouvrières, en arrêtant la production et les échanges, se seront affamées elles-mêmes ; elles seront ainsi acculées à la violence, pour se nourrir, pour saisir vivres et denrées là où ils se trouvent. Elles seront acculées aussi à frapper d'épouvante les privilégiés, menacés dans leurs personnes et dans leurs biens par l'inévitable colère du prolétariat dont les souffrances séculaires seront comme exaspérées par la crise de misère et par la faim. De là d'inévitables conflits entre la classe ouvrière et les gardiens affolés du système capitaliste. De là, par conséquent, au bout de quelques jours, le caractère révolutionnaire de la grève générale. Et comme la force capitaliste sera dispersée par la nécessité même de surveiller le mouvement le plus étendu et le plus divers, comme notamment l'armée de répression sera disséminée, noyée dans le vaste flot, le prolétariat aura dissous l'obstacle où jusqu'ici il se brisait, et maître enfin du système social, il installera le travail souverain.

Voilà la conception. Je ne dis pas qu'elle ait ce degré de netteté chez tous les théoriciens de la grève générale. Je ne dis pas que ceux qui l'acclament y attachent tous ce sens. Mais je dis que pour ceux qui y voient l'instrument décisif de libération, elle signifie nécessairement cela ou rien.

Or, en ce sens révolutionnaire, je crois que c'est une idée fausse. D'abord, une tactique est singulièrement dangereuse quand elle ne peut échouer UNE FOIS sans entraîner pour la classe ouvrière des désastres immenses.

Les partisans de la grève générale ainsi entendue sont obligés, qu'on le note bien, DE RÉUSSIR À LA PREMIÈRE FOIS. Si une grève générale, après avoir tourné à la violence révolutionnaire, échoue, elle aura laissé debout le système capitaliste, mais elle l'aura armé d'une fureur implacable. La peur des dirigeants et même d'une grande partie de la masse se donnera carrière en une longue suite d'années de réaction. Et le prolétariat sera pour longtemps désarmé, écrasé, ligotté.

*

* *

Mais y a-t-il ainsi des chances de succès ? Je ne le crois pas. D'abord, la classe ouvrière ne se soulèvera pas pour une formule générale, comme serait l'avènement du communisme. L'idée de révolution sociale ne suffira pas à l'entraîner. L'idée socialiste, l'idée communiste est assez puissante pour guideret ordonner les efforts successifs du prolétariat. C'est pour s'en rapprocher tous les jours, c'est pour la réaliser graduellement qu'il s'organise et qu'il lutte. Mais il faut que l'idée de révolution sociale prenne corps dans des revendications précises pour susciter un grand mouvement.

Pour décider la classe ouvrière à quitter en masse les grandes usines et à entreprendre contre toutes les forces du système social une lutte à fond, pleine d'inconnu et de péril, il ne suffit pas de dire : communisme ! Car immédiatement les prolétaires demandent : « lequel ? Et quelle forme aura-t-il demain si nous sommes vainqueurs ? » et ce n'est pas pour un objet trop général et d'un contour trop incertain que se produisent les grands mouvements. Il leur faut un point d'appui solide, un point d'attache précis.

Les plus avisés des théoriciens de la grève générale révolutionnaire le savent bien. Aussi, c'est d'abord par des revendications précises, substantielles, qu'ils veulent mettre la classe ouvrière en mouvement. Et ils espèrent que ce mouvement, devenant forcément révolutionnaire, s'élargira de lui-même en communisme complet.

Mais là est précisément le vice essentiel de la tactique. ELLE RUSE AVEC LA CLASSE OUVRIÈRE. Elle se propose de l'entraîner, comme par l'effet irrésistible d'un mécanisme, au delà du point qu'on lui aura indiqué tout d'abord. C'est par l'attrait de quelques réformes concrètes, précises, immédiates, qu'on la détermine à la grande opération de la grève générale, et on imagine qu'une fois prise dans l'engrenage elle sera conduite, presque automatiquement, à la Révolution communiste.

Or, je dis que dans une démocratie, cela est contraire à l'idée même de la Révolution. Je dis qu'il n'y a et ne peut y avoir Révolution que là où il y a conscience, et que ceux qui construisent un mécanisme pour véhiculer le prolétariat à la Révolution presque à son insu, ceux qui prétendent l'y conduire comme par surprise, vont à rebours du vrai mouvement révolutionnaire.

Si la classe ouvrière n'est pas nettement avertie, dès l'origine, que c'est pour l'entière Révolution communiste qu'elle se met en grève ; si elle ne sait pas, en quittant les mines, les gares, les usines, les chantiers, qu'elle n'y doit rentrer qu'après avoir accompli toute la révolution sociale ; si elle n'y est pas dès la première heure, et jusqu'au fond de sa conscience, préparée et résolue, elle sera déconcertée dans la suite du mouvement par la révélation tardive d'un plan qu'on ne lui aura pas soumis avant l'action. Et aucun artifice, aucune prestidigitation ne substituera le but occulte, soudain découvert, au but avoué de la première heure.

S'imaginer qu'une révolution sociale peut être le résultat d'un malentendu, et que le prolétariat peut être entraîné au delà de lui-même, c'est, qu'on me passe le mot, un enfantillage. La transformation de tous les rapports sociaux ne peut être l'effet d'une manoeuvre.

Et au contraire, si on avertit la classe ouvrière, si on lui dit nettement qu'elle doit quitter les ateliers pour n'y rentrer qu'après avoir aboli tout le capitalisme, son instinct et sa pensée l'avertiront aussi que ce n'est point par un soulèvement de quelques jours, mais par un effort immense d'organisation continue et de transformation continue qu'on renouvelle une société aussi compliquée que la nôtre. Dès lors, elle reculera devant une entreprise aussi indéterminée et aussi creuse, comme on recule devant le vide.

*

* *

Il y a encore un autre artifice dans la tactique révolutionnaire de la grève générale. Quelques-uns de ces théoriciens disent :

« Il serait peut-être malaisé d'entraîner le prolétariat dans une action de force délibérée. il en est désaccoutumé depuis de longues années, et il ne s'y jetterait peut-être pas d'emblée, au seul signal des organisations militantes. Au contraire, la grève est entrée dans la pratique de la classe ouvrière, et les grèves sont de plus en plus étendues. Il ne sera donc pas malaisé d›obtenir de la classe ouvrière qu›elle entre dans un mouvement de grève générale. Ce sera, à l›origine, un simple agrandissement de ses habitudes de combat. Et de plus, chose tout à fait importante, ce sera un mouvement légal. La loi permet la grève ; elle ne lui assigne pas et ne peut pas lui assigner de limite. Par conséquent, le prolétariat, en ouvrant la grève générale, sait qu›il exerce un droit légal ; c›est donc avec toute la puissance de la légalité qu›il entre dans le mouvement, et bien des travailleurs qui auraient répugné à l›emploi prémédité de la force et à l›action délibérément révolutionnaire, n›hésiteront pas à manifester leur irritation contre les injustices sociales par une démarche menaçante, mais qui ne les jette pas dès la première heure et de sang-froid hors de la légalité.

« De plus, ce qu'on pourrait appeler la répression préventive du pouvoir capitaliste est empêché par la forme d'abord légale du mouvement. Mais peu à peu, cette grève générale, cette grève de classe s'affirmera nécessairement en grande bataille sociale, en combat révolutionnaire. Par le souffrance, par la misère, par les inévitables conflits qui mettront aux prises, en bien des points, la force ouvrière et la force capitaliste, les esprits s›animeront, les justes colères s›enflammeront, et même cette partie du prolétariat qui aurait reculé avant l›ouverture de la grève devant l›emploi systématique de la force, sera peu à peu, au feu des événements, de la lutte et de la souffrance, portée à la température révolutionnaire.

Dès lors, le vieux monde fera explosion. »

Voilà bien, si l'on va au fond, la conception et l'espoir d'un certain nombre de ceux qui voient dans la grève générale un moyen de révolution. Elle est dans leur pensée une méthode d'entraînement révolutionnaire, appliquée à un prolétariat dont trop de forces resteraient inertes sans l'excitation brutale des événements.

On ne dit plus aux prolétaires : prenez votre fusil. Mais on croit que la grève générale, d'abord légale, sera conduite bientôt à s'armer du fusil ou de tout autre appareil de force. Ainsi, on compte sur la force révolutionnaire des événements pour suppléer ou pour compléter l'insuffisante force révolutionnaire des hommes.

J'ai bien le droit de dire qu'il y a là un artifice de révolution. Et comme tout mécanisme qu'on n'a pu éprouver par des expériences répétées avant d'en faire un emploi décisif, celui-ci expose à bien des mécomptes les hommes de bonne foi qui attendent tout de lui. Créer par un moyen factice une excitation révolutionnaire que la seule action des souffrances, des misères, des injustices usuelles n'aurait pas suffi à produire, est une entreprise bien aléatoire.

On a dit que la révolution ne se décrète pas. A plus forte raison peut-on dire qu'elle ne se fabrique pas, et qu'aucun mécanisme de conflit, si vaste et si ingénieux soit-il, ne peut suppléer la préparation révolutionnaire des choses et des esprits. Il ne suffira pas de poser d'abord la grève générale pour en faire ensuite réussir la révolution. Il se peut très bien que les prolétaires, s'ils ont besoin, à l'origine, pour entrer dans la grande action, d'un prétexte et même d'une illusion de légalité, reculent devant l'emploi de la force au moment où se dérobera ce prétexte et où se dissipera cette illusion. Le dé qui aura été jeté en l'air pourra bien retomber sur une face de violence ; il pourra retomber aussi sur une face d'inertie. Or, on ne pourra pas garder longtemps en main le cornet et recommencer indéfiniment le jeu. Il se peut, en tout cas, que dans ce mouvement dont les chefs auront compté sur la force inconsciente et obscure des choses plus que sur la force délibérée des consciences, il y ait beaucoup de flottement, de mélange et d'incohérence. Sur tel point, le conflit aboutira en effet à l'action révolutionnaire ; sur tel autre, il gardera sa forme légale et s'éteindra dans l'immobilité. Le mouvement révolutionnaire, n'ayant pas son principe et son point d'appui dans la volonté réfléchie des hommes, sera livré au hasard des incidents locaux, et le mécanisme de révolution n'aura pas les mêmes prises partout. De là, discordance, découragement et défaite. Il est très vrai que souvent, dans l'histoire, des événements d'abord restreints en apparence et inoffensifs aboutissent à de vastes conclusions imprévues. Mais il est impossible de compter sur cet élargissement, et il n'y a pas de procédé, fût-il celui de la grève générale, qui, d'un premier mouvement de légalité puisse avec certitude faire sortir la révolution.

*
* *

D'ailleurs, et c'est là surtout qu'est l'illusion d'un grand nombre de militants, il n'est pas démontré du tout que la grève générale, même si elle prend en effet un caractère révolutionnaire, fasse capituler le système capitaliste. La société bourgeoise opposera une résistance proportionnée à la grandeur des intérêts en jeu. C'est dire qu'à la grève générale de révolution qui lui demandera le sacrifice complet de son principe même, elle opposera une résistance totale.

Or, ni l'arrêt de la production et de la circulation, ni même les violences étendues contre les propriétés et les personnes ne suffisent à faire tomber une société. Quelque puissants qu'on suppose les effets de la grève générale révolutionnaire, ils ne seront pas supérieurs à ceux des grandes guerres et des grandes invasions. Les grandes guerres arrêtent aussi ou troublent la production, suspendent ou gênent la circulation et jettent dans la vie économique un trouble qu'on pourrait supposer mortel. Et pourtant, les sociétés résistent avec une élasticité extraordinaire à des crises qu'on pouvait croire funestes, à des maux qui paraissaient accablants.

Je ne parle pas de la guerre de Cent Ans en France, de la guerre de Trente Ans en Allemagne. A travers des épreuves inouïes, les brigandages, les sièges, les ravages, les incendies, les perpétuels combats, les famines, la vie sociale se maintint. Mais dans les sociétés plus modernes, dans la société bourgeoise elle-même, que de prodigieuses secousses ! Dès la seconde moitié de 1793, la société issue de la révolution subit ou même s'inflige à elle-même, pour se défendre, des épreuves auxquelles sans doute nulle grève générale n'équivaudra. Une portion considérable de la population valide, quinze cent mille hommes sur une population de vingt-cinq millions sont arrachés aux champs et aux ateliers et jetés aux frontières. La guerre civile fait rage, en même temps que la guerre étrangère. La Vendée, la Bretagne, le Midi, Lyon sont soulevés et en feu. La moitié de la France est armée contre l'autre moitié. L'été aride et ardent a appauvri les moissons. Le blé circule malaisément, chaque département, chaque district voulant se réserver le plus de grain possible. Bien que Paris ne soit pas investi, il est soumis à un véritable régime d'état de siège : il y faut faire queue à la porte des boulangers ; le rationnement est établi ; le pain est rare. La baisse des assignats jette un trouble extrême dans toutes les transactions. Et à travers toutes ces difficultés, la France garde assez de puissance vitale, la société révolutionnaire garde assez de ressort pour se défendre d'abord et bientôt reprendre l'offensive. On peut prendre par la famine et par la force une cité ; on ne prend pas ainsi une société tout entière. Il faut qu'elle se livre elle-même. En 1870-1871, un tiers de la France est occupé, Paris est assiégé ; la guerre civile succède à la guerre étrangère ; une rançon formidable est imposée à la nation, et malgré tout, les sources profondes de la vie ne sont pas atteintes, et elles jaillissent de nouveau avec une merveilleuse abondance dès les premiers jours de paix.

*

* *

En supposant même qu'une grève générale révolutionnaire parvienne à obstruer les ports, à immobiliser les locomotives, à détruire les voies ferrées, à occuper souverainement quelques régions particulièrement ouvrières, à menacer et à réduire l'approvisionnement de quelques grandes villes et de la capitale, l'ingénieuse nécessité fera apparaître d'innombrables ressources cachées. Au besoin, la vie sociale, la consommation se réduiront dans des proportions énormes, et la nature humaine s'accommodera de ces tragiques privations, comme à la fin d'un long siège elle s'accommode d'un régime dont la seule idée, quelques mois plus tôt, aurait fait frémir les plus braves. Et si la société bourgeoise et la propriété individuelle ne veulent pas capituler, si la grande majorité des citoyens est opposée au nouvel ordre social que la grève générale veut instaurer par un coup de surprise, la société bourgeoise et la propriété individuelle trouveront le moyen de vivre, de se défendre, de rallier peu à peu, dans le désordre même et le désarroi de la vie économique bouleversée, les forces de conservation et de réaction.

Quelques-uns s'imaginent, il est vrai, que la grève générale, éclatant en bien des points à la fois, obligerait le gouvernement capitaliste et propriétaire à disséminer la force armée sur une telle étendue qu'elle serait comme absorbée par la révolution. C'est une conception d'une naïveté extrême. Le gouvernement bourgeois se préoccuperait avant tout de protéger les pouvoirs publics, les assemblées, en qui résiderait, par la volonté même des majorités, la force légale. Au besoin, s'il ne pouvait d'abord suffire à tout, il abandonnerait à la grève les voies ferrées et les régions où la révolution serait le plus fortement organisée ; il se préoccuperait, au contraire, de concentrer ses forces, et avec la puissance énorme que lui donnerait la volonté des représentants légaux de la nation, il ne tarderait pas à frapper quelques grands coups, à réoccuper les régions par lui abandonnées d'abord, et à rétablir les communications, comme on les rétablit en quelques jours dans un pays que l'ennemi vient d'évacuer après avoir fait sauter les voies ferrées et les ponts. Même si les pouvoirs publics perdaient un moment Paris, comme en 1871, — et avec les éléments sociaux dont se compose Paris, cela n'est pas certain le moins du monde, — il leur suffirait d'avoir un point de réunion et d'attendre en un lieu sûr, comme le roi de France à Bourges, comme M. Thiers à Versailles, que les forces conservatrices fussent entrées en branle. Et elles ne tarderaient pas à y entrer spontanément. Qu'on n'oublie pas qu'aujourd'hui, avec les sociétés de tir et de gymnastique où dominent tant d'influences réactionnaires, avec les habitudes de sport de la haute et moyenne bourgeoisie, avec l'entraînement militaire des classes possédantes, les privilégiés, les bourgeois, les capitalistes petits et grands, les boutiquiers exaspérés seraient capables même d'une action physique très vigoureuse.

*
* *

Et pendant ce temps, que ferait la révolution ? Dans les régions où elle aurait paru d'abord victorieuse, elle ne pourrait que se dévorer sur place, et s'épuiser en d'inutiles violences. Les révolutions libérales ou démocratiques de 1830 et de 1848 avaient un but très précis : renverser le pouvoir central et le remplacer. Les coups révolutionnaires de Blanqui étaient toujours calculés pour frapper à la tête et au cœur. Il ne disséminait pas ses forces ; il les concentrait au contraire pour les porter en quelques points vitaux du système politique gouvernemental.

La méthode révolutionnaire de la grève générale est toute contraire. Précisément parce qu'elle donne d'abord au combat une forme économique, elle n'assigne pas aux forces ouvrières un but unique et central où elles puissent converger. Elle resteront sur place, aux abords du puits de mine déserté, au seuil des usines abandonnées. Ou si les prolétaires prennent possession de la mine, de l'usine, ce sera une prise de possession toute fictive. C'est un cadavre qu'étreindront les ouvriers ; car la mine, l'usine ne sont que des corps morts quand la circulation économique est suspendue, quand la production est arrêtée. Tant que l'ensemble de l'appareil social n'est pas possédé et gouverné par une classe, elle a beau s'emparer matériellement de quelques usines et chantiers, elle ne possède rien : ce n'est pas être maître de la circulation que de tenir dans ses mains quelques cailloux de la route déserte.

Il ne resterait donc plus aux forces ouvrières, étonnées de leur impuissance dans leur apparente victoire, que la ressource de détruire. Mais à quoi serviraient ces actes de destruction, sinon à marquer d'un caractère de sauvagerie le soulèvement du prolétariat ? Qu'on observe bien que la tactique révolutionnaire de la grève générale a pour objet et pour effet de décomposer la vie économique et sociale, de la morceler. Arrêter les locomotives, immobiliser les navires, refuser aux machines de l'industrie la houille, c'est substituer à la vie générale et une de la nation la vie dispersée d'innombrables groupes locaux. Or, ce morcellement de la vie, C'EST PRÉCISÉMENT LE CONTRAIRE DE LA RÉVOLUTION.

La révolution bourgeoise a été faite par des fédérations qui venaient de proche en proche se nouer à Paris. Toute grande révolution suppose une exaltation de la vie, et cette exaltation n'est possible que par la conscience d'une vaste unité, par l'ardente communication des forces et des enthousiasmes. C'est par l'organisation d'une forte représentation et action de classe, économique et politique, pénétrant tout et reliant tout, que le prolétariat accomplira sa révolution. Le morcellement est un retour à l'état féodal. Dans les groupes isolés, retombés par l'arrêt de la circulation à une civilisation inférieure, ce sont les oligarchies possédantes qui, disposant de moyens de subsistance accumulés et s'attachant par là toute une clientèle passive, deviendront souveraines. Ce sont les riches qui seront en bien des cantons et des communes les rois momentanés, les chefs sociaux, les maîtres du fief. Et peu à peu, toutes ces petites souverainetés, toutes ces petites oligarchies coordonneront leurs efforts pour écraser et envelopper la révolution immobile et penaude, qui en croyant destituer legouvernement de tout moyen de communication, se sera isolée et émiettée elle-même.

Ainsi, il est absolument chimérique d'espérer que la tactique révolutionnaire de la grève générale permettra à une minorité prolétarienne hardie, consciente, agissante, de brusquer les événements. Aucun artifice, aucun mécanisme à surprise ne dispense le socialisme de conquérir par la propagande et la loi la majorité de la nation.

Est-ce à dire que l'idée de grève générale est vaine, qu'elle est un élément négligeable dans le vaste mouvement social ? Pas le moins du monde. D'abord, j'ai montré comment, à quelles conditions et sous quelle forme elle pouvait accélérer l'évolution sociale et le progrès ouvrier. En second lieu, c'est déjà pour une société un signe terrible et un avertissement décisif qu'une pareille idée puisse apparaître à une classe comme un moyen de libération. Quoi ! C'est la classe ouvrière qui porte l'ordre social ; c'est elle qui produit et qui crée. Si elle s'arrête, tout s'arrête. Et on peut dire d'elle le mot magnifique que Mirabeau, le premier annonciateur de la grève générale, disait de l'ensemble du tiers-état, encore uni, ouvriers et bourgeois :

« Prenez garde ! criait-il aux privilégiés, n'irritez pas ce peuple qui produit tout, *et qui pour être formidable n'aurait qu'à être immobile.* »

Or, à ce prolétariat qui a cette formidable puissance négative, et qui peut tout au moins être tenté d'en user, les classes possédantes et dirigeantes n'ont su accorder jusqu'ici qu'une trop faible part de puissance positive. Elles ont donné ou elles ont laissé à la classe ouvrière si peu de confiance en l'efficacité de l'évolution légale, qu'elle est comme fascinée de plus en plus par l'idée de refuser tout le travail. Le travail songeant à se refuser, le cœur méditant de s'arrêter : voilà à quelle crise intérieure profonde nous ont conduits les égoïsmes et l'aveuglement des privilégiés, l'absence de tout plan d'action. C'est vers l'abîme de la grève générale révolutionnaire que le prolétariat se sent de plus en plus entraîné, au risque de se briser en y tombant, mais en emportant avec lui pour des années ou la richesse ou la sécurité de la vie.

La grève générale, impuissante comme méthode révolutionnaire, n'en est pas moins, par sa seule idée, un indice révolutionnaire de la plus haute importance. Elle est un avertissement prodigieux pour les classes privilégiées, plus qu'elle n'est un moyen de libération pour les classes exploitées. Elle est, au cœur de la société capitaliste, comme une sourde menace, qui, même si elle se résout enfin en accès impuissants, atteste un désordre organique que seule une grande transformation peut guérir.

Enfin, si les dirigeants commettaient la folie de toucher aux pauvres libertés acquises, aux moyens d'action bien chétifs des prolétaires, s'ils menaçaient ou violentaient le suffrage universel, si par la persécution patronale et policière ils rendaient vraiment illusoire le droit syndical et le droit de grève, la grève générale violente serait certainement la forme spontanée de la révolte ouvrière, une sorte de ressource suprême et désespérée, et un moyen de frapper l'ennemi plus encore que de se sauver soi-même.

Mais la classe ouvrière serait dupe d'une illusion funeste et d'une sorte d'obsession maladive, si elle prenait ce qui ne peut être qu'une tactique de désespoir pour une méthode de révolution. En dehors des sursauts convulsifs qui échappent à toute prévision et à toute règle, et qui sont parfois la ressource suprême de l'histoire aux abois, il n'y a aujourd'hui pour le socialisme qu'une méthode souveraine : conquérir légalement la majorité.

Le but

LE BUT

La première condition du succès pour le socialisme, c'est d'expliquer à tous clairement son but et son essence ; c'est de dissiper beaucoup de malentendus créés par nos adversaires, et quelques malentendus créés par nous-mêmes.

L'idée socialiste est claire et noble. Nous constatons que la forme actuelle de la propriété divise la société d'aujourd'hui en deux grandes classes, et que l'une de ces classes, celle des prolétaires, est obligée pour vivre, pour exercer en quelque mesure ses facultés, de payer une sorte de dîme à la classe capitaliste. Voici une multitude d'êtres humains, de citoyens : ils ne possèdent pas. Ils ne peuvent vivre que de leur travail, et comme, pour travailler, ils auraient besoin d'un coûteux outillage qu'ils n'ont pas, de matières premières et d'avances qu'ils n'ont pas, ils sont obligés de se mettre à la disposition d'une autre classe qui possède les moyens de production, le sol, les usines, les machines, les matières premières et des ressources monétaires accumulées. Et naturellement, la classe capitaliste et propriétaire, usant de sa puissance, fait payer à la classe prolétarienne une large redevance. Elle ne se borne pas à récupérer les avances faites par elle et à amortir l'outillage. Sur le produit du travail ouvrier et paysan, elle prélève tous les ans et indéfiniment une part notable : fermage, rente du sol, loyer des immeubles urbains, arrérages de la rente d'État, revenus des actions et obligations, bénéfice industriel, bénéfice commercial.

Ainsi, dans la société d'aujourd'hui, le travail des prolétaires ne leur appartient pas tout entier. Et comme, dans notre société fondée sur la production intensive, l'activité économique est une fonction essentielle de toute personne humaine, comme le travail est une partie intégrante de la personnalité, la personne des prolétaires ne leur appartient pas tout entière. Ils aliènent une part de leur activité, c'est-à-dire une part même de leur être, au profit d'une autre classe. Le droit humain en eux est donc incomplet et mutilé. Ils ne peuvent plus faire un acte de la vie sans subir cette restriction du droit, cette aliénation de la personne. à peine sont-ils sortis de l'usine, de la mine, du chantier, où ils ont abandonné une partie de leur effort pour créer le dividende et le bénéfice, à peine sont-ils rentrés dans le pauvre appartement où est entassée leur famille, nouvel impôt, nouvelle redevance pour créer le loyer. En même temps, l'impôt d'État sous toutes ses formes, impôt direct et impôt indirect, rogne leur salaire déjà deux fois rogné, non pas pour pourvoir seulement à des dépenses de civilisation et d'intérêt commun, mais pour assurer l'écrasant service de la rente au profit de la même classe capitaliste, ou pour entretenir de formidables et inutiles armées. Enfin, quand avec le résidu du salaire ainsi entamé, le prolétaire va acheter les denrées nécessaires à la vie de chaque jour, ou bien, faute de suffisantes avances et de temps, il s'adresse au détaillant, et il subit ainsi la charge de toute une organisation surabondante d'intermédiaires ; ou bien il s'adresse au grand magasin, au grand bazar, et il doit assurer, en sus des frais directs de manutention et de répartition de la marchandise, le bénéfice à dix ou douze pour cent du grand capital commercial. Comme la route féodale encombrée et coupée presque à chaque pas de droits de péage, la route de la vie est coupée, pour le prolétaire, par les droits féodaux de tout ordre que lui impose le capital. Il ne peut ni travailler ni se nourrir, ni se vêtir, ni s'abriter, sans payer à la classe capitaliste et propriétaire une sorte de rançon.

Et non seulement il est atteint dans sa vie même, mais il est atteint dans sa liberté. Pour que le travail soit vraiment libre il faut que tous les travailleurs soient appelés pour leur part à le diriger, il faut qu'ils participent au gouvernement économique de l'atelier, comme ils participent par le suffrage universel au gouvernement politique de la cité. Or, les prolétaires jouent, dans l'organisation capitaliste du travail, un rôle passif. Ils ne décident point, ils ne contribuent point à décider quel travail sera fait, quel emploi sera donné aux énergies disponibles. C'est sans les consulter, c'est souvent à leur insu que le capital créé par eux suscite ou abandonne telle ou telle entreprise. Ils sont les manœuvres du système capitaliste, chargés seulement d'exécuter les plans que le capital détermine seul. Et ces entreprises conçues, voulues par le capital, c'est sous la direction de chefs élus par le capital que les prolétaires les accomplissent. Ainsi, les travailleurs ne concourent ni à déterminer le but du travail, ni à régler le mécanisme d'autorité sous lequel le travail s'exécute. C'est dire que le travail est doublement serf, puisqu'il va à des fins qu'il n'a point voulues, par des moyens qu'il n'a point choisis. Ainsi, le même système capitaliste qui exploite la force de travail de l'ouvrier, attente à la liberté du travailleur. Et la personnalité du prolétaire est diminuée, comme sa subsistance.

Mais ce n'est pas tout. La classe capitaliste et propriétaire ne forme une classe qu'à l'égard des salariés. En elle-même, elle est divisée, déchirée par la plus âpre concurrence. Elle n'est point parvenue à s'organiser, et par conséquent à discipliner la production, à la régler selon les besoins variables des sociétés. Et dans ce désordre anarchique, elle n'est avertie de ses erreurs que par des crises dont le prolétariat porte souvent les terribles conséquences. Ainsi, par une iniquité suprême, les prolétaires sont socialement responsables de la marche de la production, qu'en aucune manière ils ne déterminent. N'être pas libre et être responsable, n'être même pas consulté et être châtié, voilà le destin paradoxal du prolétariat dans le désordre capitaliste. Et si le capitalisme s'organisait, s'il parvenait par de vastes trusts à régler la production, il ne pourrait la régler qu'à son profit ; il abuserait de cette puissance d'unité pour imposer à la communauté des acheteurs des prix d'usure ; et les travailleurs n'échapperaient aux conséquences du désordre économique que pour tomber sous le coup du monopole.

*

* *

Toutes ces misères, toutes ces injustices et tous ces désordres viennent de ce qu'en fait une classe monopolise les moyens de production et de vie, etimpose sa loi à une autre classe et à toute la société. Il faut donc briser cette suprématie d'une classe. Il faut affranchir la classe opprimée, et du même coup, la société tout entière. Il faut abolir toute différence de classe en transportant à l'ensemble des citoyens, à la communauté organisée, la propriété des moyens de production et de vie qui sont, aujourd'hui, aux mains d'une classe, une force d'exploitation et d'oppression. Il faut substituer à la domination désordonnée et abusive d'une minorité la coopération universelle des citoyens associés à la propriété commune des moyens de travail et de liberté. C'est le seul moyen d'affranchir les personnes humaines. Et voilà pourquoi l'objet essentiel du socialisme, collectiviste ou communiste, est de transformer la propriété capitaliste en propriété sociale.

Dans l'état présent de l'humanité, où il n'y a que des organismes nationaux, la propriété sociale aura la forme d'une propriété nationale. L'action des prolétaires s'exercera de plus en plus internationalement. Les diverses nations en voie d'évolution vers le socialisme régleront de plus en plus leurs rapports réciproques selon la justice et la paix. Mais c'est la nation qui, longtemps encore, fournira le cadre historique du socialisme, le moule d'unité où sera coulée la justice nouvelle.

Et qu'on ne s'étonne point qu'ayant revendiqué d'abord la liberté de la personne humaine, nous fassions intervenir maintenant la communauté nationale. Il n'y a que la nation qui puisse affranchir tous les individus. Il n'y a que la nation qui puisse fournir à tous des moyens de libre développement. Les associations particulières, restreintes, temporaires, peuvent protéger pour un temps des groupes restreints d'individus. Mais il n'y a qu'une association générale et permanente qui puisse assurer le droit de tous les individus sans exception, et non pas seulement des individus vivants, mais de tous ceux qui sont à naître, dans la suite des générations.

Or, cette association universelle, impérissable, qui comprend, sur une portion déterminée de la planète, tous les individus, et qui étend son action et sa pensée aux générations successives, c'est la nation. Et si nous invoquons la nation, c'est pour assurer la plénitude et l'universalité du droit individuel. Aucune personne humaine, dans aucun moment de la durée, ne doit être laissée en dehors de la sphère du droit. Aucune ne doit être exposée à être la proie ou l'instrument d'une autre personne. Aucune ne doit être privée des moyens positifs de travailler librement, sans dépendance servile à l'égard de qui que ce soit.

C'est donc dans la nation que le droit de tous les individus, aujourd'hui, demain et toujours, trouve sa garantie. Et si nous transférons à la communauté nationale ce qui fut la propriété de classe des capitalistes, ce n'est pas pour faire de la nation une idole ; ce n'est pas pour lui sacrifier la liberté des individus. C'est, au contraire, pour qu'elle puisse fournir une base commune à toutes les activités individuelles et à tous les droits individuels. Le droit social, le droit social, le droit national, n'est pour nous que le lieu géométrique des droits de toutes les personnes. La propriété sociale n'est que l'instrument d'action mis à la portée de tous.

Le socialisme et la vie

LE SOCIALISME ET LA VIE

La domination d'une classe est un attentat à l'humanité. Le socialisme, qui abolira toute primauté de classe et toute classe est donc une restitution de l'humanité. Dès lors c'est pour tous un devoir de justice d'être socialistes.

Qu'on n'objecte pas, comme le font quelques socialistes et quelques positivistes, qu'il est puéril et vain d'invoquer la justice, que c'est une idée toute métaphysique et ployable en tous sens, et qu'en cette pourpre banale toutes les tyrannies se sont taillé un manteau. Non, dans la société moderne le mot de justice prend un sens de plus en plus précis et vaste. Il signifie qu'en tout homme, en tout individu l'humanité doit être pleinement respectée et portée au plus haut. Or, il n'y a vraiment humanité que là où il y a indépendance, volonté active, libre et joyeuse adaptation de l'individu à l'ensemble. Là où des hommes sont sous la dépendance et à la merci d'autres hommes, là où les volontés ne coopèrent pas librement à l'œuvre sociale, là où l'individu est soumis à la loi de l'ensemble par la force et par l'habitude, et non point par la seule raison, l'humanité est basse et mutilée. C'est donc seulement par l'abolition du capitalisme et l'avènement du socialisme que l'humanité s'accomplira.

*
* *

Je sais bien que dans la Déclaration des Droits de l'Homme la bourgeoisie révolutionnaire a glissé un sens oligarchique, un esprit de classe. Je sais bien qu'elle a tenté d'y consacrer à jamais la forme bourgeoise de la propriété, et que même dans l'ordre politique elle a commencé par refuser le droit de suffrage à des millions de pauvres, devenus des citoyens passifs. Mais je sais aussi que d'emblée les démocrates se sont servis du droit de l'homme, de tous les hommes, pour demander et conquérir le droit de suffrage pour tous. Je sais que d'emblée les prolétaires se sont appuyés sur les Droits de l'Homme pour soutenir même leurs revendications économiques. Je sais que la classe ouvrière, quoiqu'elle n'eût encore en 1789 qu'une existence rudimentaire, n'a pas tardé à appliquer, à élargir les droits de l'homme dans un sens prolétarien. Elle a proclamé, dès 1792, que la propriété de la vie était la première de toutes les propriétés, et que la loi de cette propriété souveraine devait s'imposer à toutesles autres. Or, agrandissez, enhardissez le sens du mot *vie.* comprenez-y non seulement la subsistance, mais toute la vie, tout le développement des facultés humaines, et c'est le communisme même que le prolétariat greffe sur la Déclaration des Droits de l'Homme. Ainsi d'emblée le droit humain proclamé par la révolution avait un sens plus profond et plus vaste que celui que lui donnait la bourgeoisie révolutionnaire. Celle-ci, de son droit encore oligarchique et étriqué, ne suffisait pas à remplir toute l'étendue du droit humain ; le lit du fleuve était plus vaste que le fleuve, et il faudra un flot nouveau, le grand flot prolétarien et humain, pour que l'idée de justice enfin soit remplie.

C'est le socialisme seul qui donnera à la Déclaration des Droits de l'Homme tout son sens et qui réalisera tout le droit humain. Le droit révolutionnaire bourgeois a affranchi la personnalité humaine de bien des entraves ; mais en obligeant les générations nouvelles à payer une redevance au capital accumulé par les générations antérieures, et en laissant à une minorité le privilège de percevoir cette redevance, il frappe d'une sorte d'hypothèque au profit du passé et au profit d'une classe toute personnalité humaine.

Nous prétendons, nous, au contraire, que les moyens de production et de richesse accumulés par l'humanité doivent être à la disposition de toutes les activités humaines et les affranchir. Selon nous, tout homme a dès maintenant un droit sur les moyens de développement qu'a créés l'humanité. Ce n'est donc pas une personne humaine, toute débile et toute nue, exposée à toutes les oppressions et à toutes les exploitations, qui vient au monde. C'est une personne investie d'un droit, et qui peut revendiquer, pour son entier développement, le libre usage des moyens de travail accumulés par l'effort humain. Tout individu humain a droit à l'entière croissance. Il a donc le droit d'exiger de l'humanité tout ce qui peut seconder son effort. Il a le droit de travailler, de produire, de créer, sans qu'aucune catégorie d'hommes soumette son travail à une usure et à un joug. Et comme la communauté ne peut assurer le droit de l'individu qu'en mettant à sa disposition les moyens de produire, il faut que la communauté elle-même soit investie, sur ces moyens de produire, d'un droit souverain de propriété.

Marx et Engels, dans le *Manifeste communiste*, ont marqué magnifiquement le respect de la vie, qui est l'essence même du communisme :

Dans la société bourgeoise, le travail vivant n'est qu'un moyen d'augmenter le travail accumulé dans le capital. Dans la société communiste, le travail accumulé ne sera qu'un moyen d'élargir, d'enrichir, de stimuler la vie des travailleurs.

Dans la société bourgeoise, le passé règne sur le présent. Dans la société communiste, le présent régnera sur le passé.[1]

La Déclaration des Droits de l'Homme avait été aussi une affirmation de la vie, un appel à la vie. C'étaient les droits de l'homme vivant que proclamait la Révolution. Elle ne reconnaissait pas à l'humanité passée le droit de lier l'humanité présente. Elle ne reconnaissait pas aux services passés des rois et des nobles le droit de peser sur l'humanité présente et vivante et d'en arrêter l'essor. Au contraire l'humanité vivante saisissait pour le tourner à son usage tout ce que le passé avait légué de forces vives. L'unité française préparée par la royauté devenait, contre la royauté même, l'instrument décisif de révolution. De même les grandes forces de production accumulées par la bourgeoisie deviendront, contre le privilège capitaliste, l'instrument décisif de libération humaine.

La vie n'abolit point le passé : elle se le soumet. La révolution n'est pas une rupture, c'est une conquête. Et quand le prolétariat aura fait cette conquête, quand le communisme aura été institué, tout l'effort humain accumulé pendant des siècles formera comme une nature bienveillante et riche, accueillant dès leur naissance toutes les personnes humaines, et leur assurant l'entier développement.

*

* *

---

1 Je me sers, pour la traduction du *Manifeste communiste*, de l'excellente traduction nouvelle due vient d'en faire Charles Andler à la Société nouvelle de librairie et d'édition, 17 rue Cujas. — Prix : 0 franc 50.

Ainsi, jusque dans le droit révolutionnaire bourgeois, dans la Déclaration des Droits de l'Homme et des droits de la vie, il y a une racine de communisme. Mais cette logique interne de l'idée de droit et d'humanité serait restée inefficace et dormante sans la vigoureuse action extérieure du prolétariat. Dès les premiers jours de la révolution, il intervient. Il n'écoute pas les absurdes conseils *de classe*de ceux qui, comme Marat, lui disent : « Que fais-tu ? Et pourquoi vas-tu prendre la Bastille, qui n'a jamais enfermé dans ses murs de prolétaires ? » Il marche ; il livre l'assaut ; il décide du succès des grandes journées ; il court aux frontières ; il sauve la révolution au dehors et au dedans ; il devient une force nécessaire et il recueille en chemin le prix de son incessante action. D'un régime semi-démocratique et semi-bourgeois, il fait en trois ans, de 1789 à 1792, une démocratie pure, où parfois l'action des prolétaires est dominante. A déployer sa force, il prend confiance en lui-même, et il finit par se dire, avec Babeuf, qu'ayant créé une puissance commune, celle de la nation, il doit s'en servir pour fonder le bonheur commun.

Ainsi, par l'action des prolétaires, le communisme cesse d'être une vague spéculation philosophique pour devenir un parti, une force vivante. Ainsi, le socialisme surgit de la révolution française sous l'action combinée de deux forces : la force de l'idée du droit, la force de l'action prolétarienne naissante. Il n'est donc pas une utopie abstraite. Il jaillit au point le plus bouillonnant, le plus effervescent des sources chaudes de la vie moderne.

Mais voici qu'après bien des épreuves, des victoires partielles et des chutes, à travers la diversité des régimes politiques, le nouvel ordre bourgeois créé par la révolution se développe. Voici que sous l'empire, sous la restauration, le système économique de la bourgeoisie, fondé sur la concurrence illimitée, commence à produire ses effets : accroissement incontestable de richesse, mais immoralité, ruse, perpétuel combat, désordre et oppression. — Le trait de génie de Fourier fut de concevoir qu'il était possible de remédier au désordre, d'épurer et d'ordonner le système social sans gêner la production des richesses, mais, au contraire, en l'accroissant. Pas d'idéal ascétique : libre essor de toutes les facultés, de tous les instincts. La même association qui supprimera les crises multipliera les richesses en ordonnant, en combinant les efforts. Ainsi la nuance d'ascétisme dont la Révolution avait pu assombrir le socialisme s'évanouit. Ainsi le socialisme, après avoir participé, avec les prolétaires de la révolution, et avec Babeuf, à toute la vie révolutionnaire, entre maintenant dans le grand courant des richesses et de la production moderne. Par Fourier, par Saint-Simon, il apparaît comme une force capable, non pas de refouler le capitalisme, mais de le dépasser.

Dans l'ordre nouveau qu'entrevoient ces grands génies, la justice ne sera pas achetée au prix des joies de la vie. Au contraire, la juste organisation des forces humaines ajoutera à leur puissance productive. La splendeur des richesses manifestera la victoire du droit, et la joie sera le rayonnement de la justice. Le babouvisme n'avait pas été la négation de la révolution, mais, au contraire, sa pulsation la plus hardie. Le fouriérisme et le saint-simonisme ne sont pas la négation, la restriction de la vie moderne, mais au contraire son élargissement passionné. Partout donc et toujours le socialisme est une force vivante dans le sens et l'ardent courant de la vie.

Mais aux grands rêves d'harmonie et de richesse pour tous, aux grandes conceptions constructives de Fourier et de Saint-Simon, la bourgeoisie de Louis-Philippe répond par un redoublement d'exploitation de classe, par l'utilisation intensive et épuisante des forces ouvrières, par une orgie de concessions d'État, de monopoles, de dividendes et de primes. Il eût été au moins naïf d'opposer plus longtemps à cette audacieuse exploitation des rêves idylliques. C'est par l'âpre critique de la propriété, de la rente, du fermage, du profit, que répliqua Proudhon : et ici encore la parole qui devait être dite fut dite sous la dictée même et l'âpre inspiration de la vie.

Mais comment compléter l'œuvre de critique par une œuvre d'organisation ? Comment grouper en une vaste unité de combat tous les éléments sociaux que menaçait ou qu'opprimait la puissance de la banque, du monopole et du capital ? Proudhon démêla très vite que l'armée de la démocratie sociale était disparate, qu'elle était mêlée d'un prolétariat de fabriques encore insuffisant en nombre et en force, et d'une petite bourgeoisie industrielle et marchande, d'une artisanerie que la concentration et l'absorption capitaliste guettaient mais n'avaient pas abolie encore. De là, dans la partie positive de l'œuvre de Proudhon, des flottements et des contradictions ; de là un singulier mélange de réaction et derévolution selon qu'il s'applique à sauver par des combinaisons factices de crédit la petite bourgeoisie industrielle ou qu'il pressent l'avènement de la classe ouvrière, force de révolution. Il aurait voulu suspendre les événements, ajourner la crise révolutionnaire de 1848 pour donner à l'évolution économique le temps de dessiner plus nettement sa ligne, et de mieux orienter les esprits. Mais, ici encore, d'où viennent ces hésitations, ces scrupules ou même ces efforts contradictoires, sinon du contact de la sincère pensée socialiste avec la réalité complexe et encore incertaine ? C'est la vie du siècle qui sans cesse retentit en elle.

Et voici que depuis 1848 la grande force décisive et substantielle se manifeste et s'organise. Voici que la croissance de la grande industrie suscite un prolétariat ouvrier, toujours plus nombreux, toujours plus cohérent, toujours plus conscient. Ceux qui avec Marx ont salué l'avènement de cette puissance décisive, ceux qui ont compris que par elle le monde serait transformé ont pu s'exagérer la rapidité du mouvement économique. Ils ont pu, moins prudents que Proudhon, moins avertis que lui des forces de résistance et des ressources de transformation de la petite industrie, simplifier à l'excès le problème et grossir la puissance d'absorption du capital concentré.

Même avec toutes les réserves et restrictions que nous apporte l'étude de la réalité toujours compliquée et multiple, il reste vrai que la classe purement prolétarienne grandit en nombre, qu'elle représente une fraction toujours croissante des sociétés humaines, qu'elle est groupée en des centres de production toujours plus vastes ; il reste vrai qu'elle est toute préparée à concevoir, par la production en grand, la propriété en grand, dont la limite est la propriété sociale.

Ainsi, le socialisme, qui avec Babeuf fut comme le frisson le plus ardent de la révolution démocratique, qui, avec Fourier et Saint-Simon, fut le plus magnifique agrandissement des promesses de richesse et de puissance que le capitalisme hardi prodiguait au monde, qui, avec Proudhon, fut l'avertissement le plus aigu donné aux sociétés que l'oligarchie bourgeoise dévorait, est maintenant, avec le prolétariat et en lui, la plus forte des puissances sociales, celle qui grandit sans cesse et qui finira par déplacer à son profit, c'est-à-dire au profit de l'humanité dont elle est maintenant l'expression la plus haute, l'équilibre du monde social.

Non, le socialisme n'est pas une conception arbitraire et utopique ; il se meut et se développe en pleine réalité ; il est une grande force de vie, mêlée à toute la vie et capable bientôt d'en prendre la direction. A l'application incomplète de la justice et du droit humain que faisait la révolution démocratique et bourgeoise, il a opposé la pleine et décisive interprétation des Droits de l'Homme. A l'organisation de richesse incomplète, étroite et chaotique qu'essayait le capitalisme, il a opposé une magnifique conception de richesse harmonique où l'effort de chacun s'agrandissait de l'effort solidaire de tous. — A la sécheresse de l'orgueil et de l'égoïsme bourgeois rapetissé en exploitation censitaire et monopoleuse, il a opposé l'amertume révolutionnaire, l'ironie provocante et vengeresse, la meurtrière analyse qui dissout le mensonge. — Et voici enfin qu'à la primauté sociale du capital il oppose l'organisation de classe, tous les jours plus forte, du prolétariat grandissant.

Comment le régime des classes pourrait-il subsister quand la classe opprimée et exploitée grandit tous les jours en nombre, en cohésion, en conscience, et quand elle forme le dessein, tous les jours plus net, d'en finir avec la propriété de classe ?

*
* *

Or, en même temps que grandissent les forces réelles, substantielles, du socialisme, les moyens techniques de réalisation socialiste se précisent aussi. C'est la nation qui se constitue de plus en plus dans son unité et dans sa souveraineté et qui est obligée d'assumer de plus en plus des fonctions économiques, prélude grossier de la propriété sociale. Ce sont les grandes communes urbaines et industrielles où par les questions d'hygiène, de logement, d'éclairage, d'enseignement, d'alimentation, la démocratie entrera de plus en plus dans le vif du problème de la propriété et dans l'administration de domaines collectifs. Ce sont les coopératives de tout ordre, coopératives de consommation et coopératives de production, qui se multiplient. Ce sont les organisations syndicales et professionnelles qui s'étendent, s'assouplissent, se diversifient : syndicats, fédérations de syndicats, bourses du travail, fédérations de métiers, fédérations d'industrie.

Et ainsi, il est certain dès maintenant que ce n'est point par la pesante monotonie d'une bureaucratie centrale que sera remplacé le privilège capitaliste. Mais la nation, investie du droit social et souverain de propriété, aura des organes sans nombre, communes, coopératives, syndicats, qui donneront à la propriété sociale le mouvement le plus souple et le plus libre, qui l'harmoniseront avec la mobilité et la variété infinie des forces individuelles. Il y a donc une préparation technique du socialisme comme il y a une préparation intellectuelle et sociale. Ceux-là sont des enfants qui, s'enfiévrant de l'œuvre déjà accomplie, croient qu'il leur suffirait maintenant d'un décret, d'un *fiat lux* prolétarien pour faire surgir d'emblée le monde socialiste. Mais ceux-là sont des insensés qui ne voient pas l'irrésistible force d'évolution qui condamne la primauté de la bourgeoisie et le régime des classes.

Ce sera la honte intellectuelle du parti radical de n'avoir répondu à l'immense problème qui nous presse tous que par une équivoque formule électorale : « Maintien de la propriété individuelle. » La formule pourra sans doute servir quelque temps à exciter contre le socialisme les ignorances, les frayeurs et les égoïsmes. Mais elle tuera le parti qui est réduit à en faire usage.

Ou elle ne signifie rien, ou elle exprime le conservatisme social le plus étroit. Elle ne pourra tenir longtemps ni devant la science ni devant la démocratie.

De la propriété individuelle

DE LA PROPRIETE INDIVIDUELLE

LES RADICAUX ET LA PROPRIÉTÉ INDIVIDUELLE

La démocratie, sous l'action du prolétariat organisé, évolue irrésistiblement vers le socialisme, vers une forme de propriété qui arrache l'homme à l'exploitation de l'homme et mette fin au régime des classes. Les radicaux se flattent d'arrêter ce mouvement en promettant à la classe ouvrière quelques réformes, et en se proclamant les gardiens de la *propriété individuelle.* Ils espèrent, par quelques lois de réforme et de solidarité sociale, retenir une grande partie du prolétariat, et par la défense de la *propriété individuelle*, animer contre le socialisme les forces conservatrices, la petite et la moyenne bourgeoisie, les petits propriétaires paysans.

Tout d'abord, c'est une véritable déchéance intellectuelle, pour un parti de démocratie, que de souscrire à de pareilles formules. Comment des hommes aussi cultivés que M. Léon Bourgeois et M. Camille Pelletan ont-ils pu croire que la déclaration du parti radical affirmant le maintien de la propriété individuelle avait un sens ? Ainsi employé d'une façon générale et abstraite, le mot de propriété individuelle ne signifie rien. Dans l'évolution humaine la propriété individuelle a changé bien des fois de forme et de substance, de sens et de contenu. La propriété individuelle a été, dans les sociétés qui ont précédé la nôtre, la forme d'oppressions définitivement abolies. L'esclavage a été un des modes de la propriété individuelle. Il y avait à Athènes et à Rome des esclaves publics, esclaves de la cité ou de l'État. Mais la plupart des esclaves faisaient partie du patrimoine individuel des citoyens. La propriété des esclaves était une partie de la propriété individuelle. Ou bien ils travaillaient le domaine foncier du maître grec ou romain ; ou bien ils travaillaient à son profit dans des ateliers urbains. Ce sont des individus qui les possédaient, qui en disposaient, qui les soumettaient au labeur forcé, qui les donnaient, les vendaient, les transmettaient. Et de même quand, après l'effondrement de la société antique et du régime romain fondé sur la conquête, l'esclavage fut amendé en servage, les serfs aussi furent sur la glèbe objets de quelque propriété individuelle. Il y avait, sous les mérovingiens, sous les Carlovingiens, des serfs du roi attachés à la glèbe du domaine royal, des serfs d'Église attachés à la terre des abbayes. Maisl'immense majorité des serfs appartenait à des seigneurs qui étaient en définitive à peu près des grands propriétaires fonciers possédant de plus en plus à titre individuel. Pendant le Moyen-Age, du dixième au quatorzième siècle, le servage se constitue comme un mode de ce que nous nommons la propriété individuelle. C'est le seigneur qui dispose du travail des serfs. Serfs agricoles, disséminés sur l'immense domaine, serfs industriels, boulangers, charrons, orfèvres, fileurs, tisseurs, réunis dans les annexes de la maison seigneuriale, tous ils sont sous la loi d'un individu : ils sont compris dans sa propriété ; ils sont vendus par lui avec le domaine. Ils sont, comme la terre même, comme la prairie, comme la vigne, comme les bœufs, un des objets sur lesquels la propriété individuelle s'exerce.

*

* *

J'entends bien que l'esclavage et le servage ont été éliminés de la propriété individuelle. Mais les radicaux peuvent-ils avoir l'assurance que tout élément de servitude, d'oppression, d'injustice, en a disparu ? Et de quel droit prononcent-ils de façon générale et abstraite le mot de propriété individuelle, alors que le sens de ce mot varie avec le mouvement même de l'histoire ? De pareilles formules sont la négation même de l'évolution historique. Elles condamnent le parti qui en fait usage à ne rien comprendre et à ne rien voir. Elles le mettent en dehors de la science et de la vie.

De même que dans l'antiquité la propriété individuelle admettait l'esclavage, de même qu'au Moyen-Age elle comportait le servage, elle comporte aujourd'hui le salariat. Certes, je ne m'amuserai pas au triste paradoxe réactionnaire des quelques socialistes qui disent que l'esclave et le serf étaient plus heureux que le salarié. La condition matérielle et morale de l'ouvrier moderne est dans l'ensemble supérieure à celle de l'esclave et du serf. Mais, en ce moment, il ne s'agit point de cela. Je dis simplement qu'aujourd'hui la propriété individuelle a la forme capitaliste, qu'elle permet à une minorité d'individus privilégiés de disposer du travail, des forces, de la santé des prolétaires, et de lever sur eux un perpétuel tribut. Et je dis que lorsque les radicaux déclarent tout court qu'ils veulent maintenir la propriété individuelle, ou cela ne signifie rien, ou cela signifie qu'ils veulent maintenir la propriété capitaliste.

Quiconque, en Grèce et à Rome, aurait déclaré tout simplement qu'il entendait maintenir la propriété privée, eût déclaré par là même qu'il maintenait l'esclavage. Quiconque, au Moyen-Age, eût déclaré tout simplement qu'il entendait maintenir la propriété individuelle ou personnelle, aurait maintenu par là même le servage et la féodalité. Et aujourd'hui, quand les radicaux, en une formule toute générale, annoncent au monde qu'ils veulent maintenir contre nous la *propriété individuelle*, ils se constituent par là même les gardiens de la propriété capitaliste.

Et quelle pauvreté dans ces formules abstraites ! Elles ne se bornent pas à immobiliser le sens de la propriété individuelle, qui est toujours en mouvement. Elles le simplifient arbitrairement. Or, non seulement, d'époque en époque, la propriété individuelle change de signification, mais elle a un degré de complication tout à fait variable. Tantôt elle s'applique à des rapports sociaux très complexes ; tantôt elle paraît se simplifier. Et il y a des heures où le progrès de l'humanité exige que la notion de propriété se complique ; il y a des heures où il exige qu'elle se simplifie.

*

* *

Quand l'esclavage fut amendé en servage, il y eut complication de la propriété. Les rapports du maître à l'esclave étaient d'une simplicité brutale. Puis au Moyen-Age, lorsque le serf a une famille, un patrimoine, le maître n'en dispose plus aussi aisément. La propriété individuelle du maître sur le serf est moins aisée à définir, moins simple que la propriété individuelle du maître sur l'esclave. La personnalité humaine, qui était souvent nulle chez l'esclave, et qui se manifeste mieux chez le serf, complique les rapports de propriété ; elle introduit dans la notion de propriété individuelle des éléments multiples et flottants. Et ici, cette complication de la propriété est un progrès certain.

Au contraire, à la fin du dix-huitième siècle, quand l'heure fut venue où les bourgeois et les paysans purent abattre le système féodal, c'est dans le sens d'une simplification de la propriété que s'exerça la Révolution. Elle débarrassa la propriété industrielle de toutes les servitudes et complications du régime corporatif. Elle débarrassa la propriété rurale de l'énorme enchevêtrement des droits féodaux et ecclésiastiques. Le bourgeois, le paysan devinrent plus nettement, plus absolument propriétaires qu'ils ne l'étaient sous le régime féodal et, à ce moment, dans le passage du féodalisme au capitalisme, la simplification, au moins apparente, de la propriété fut un progrès humain, comme douze siècles plus tôt, dans le passage de l'esclavage au servage, la complication de la propriété avait été un progrès humain.

J'ai lu avec passion le beau livre, tout récemment paru chez Giard et Brière, où M Henri Sée trace l'histoire des classes rurales et du régime domanial en France et au Moyen-Age. Il a marqué avec force la complication changeante et la transformation perpétuelle de la propriété.

« Il apparaît clairement aussi, dit-il dans sa conclusion, qu'au Moyen-Age l'on a de la propriété une conception sensiblement différente de celle qui nous est familière. Ne voit-on pas, à la fois, le suzerain, le vassal et le tenancier exercer, à des titres différents, des droits sur la terre ? Le paysan, usufruitier héréditaire de sa tenure, peut être, en un sens, considéré comme propriétaire ; que les droits domaniaux disparaissent, et la terre qu'il cultive lui appartiendra sans restriction. Les droits d›usage, dont jouissent collectivement les habitants d'un même domaine, constituent aussi, à certains égards, une véritable propriété. C'est dire que la propriété, au Moyen-Age, a un caractère plis complexe, beaucoup moins abstrait et tranché que de nos jours. *Loi d'être immuable, le concept de propriété s'est donc modifié au cours des siècles ; nul doute qu'il ne se modifie encore à l'avenir, qu'il ne suive dans leurs évolutions les phénomènes économiques et sociaux.* »

Voilà la grande et large conclusion à laquelle aboutit de plus en plus l'école historique française. Que signifie, en face de ces constatations souveraines de l'histoire, et de cette évolution vivante du concept de propriété, la formule scolastique et enfantine des radicaux ? De même qu'il s'est déjà modifié, le concept de propriété se modifiera encore : et il est certain que maintenant c'est dans le sens d'une complication plus grande, d'une complexité plus riche qu'il va évoluer. Une force nouvelle est apparue, qui va compliquer et transformer tous les rapports sociaux, tout le système de propriété. Cette force nouvelle, c'est l'individu humain.

Pour la première fois, depuis l'origine de l'histoire, l'homme réclame son droit d'homme, tout son droit. L'ouvrier, le prolétaire, le sans-propriété, s'affirme pleinement comme une personne. Il réclame tout ce qui est de l'homme, le droit à la vie, le droit au travail, le droit à l'entier développement de ses facultés, à l'exercice continu de sa volonté libre et de sa raison. C'est sous la double action de la vie démocratique, qui a éveillé ou fortifié en lui la fierté humaine, et de la grande industrie, qui a donné aux prolétaires groupés la conscience de leur force, que le travailleur devient une personne et veut être, partout et toujours,traité comme telle. Or, la société ne peut lui assurer le droit au travail, le droit à la vie ; elle ne peut l'élever, du salariat passif, à la coopération autonome, sans pénétrer elle-même dans la propriété. La propriété sociale doit se créer, pour garantir la vraie propriété individuelle, la propriété que l'individu humain a et doit avoir de lui-même.

*

* *

Ainsi un droit social de propriété se constitue nécessairement au profit des travailleurs ; et ce droit social se communique aux associations diverses, communes, coopératives, syndicats, qui peuvent de plus près que la nation, et avec plus de souplesse, garantir le droit des individus, leur activité enfin affranchie. Ainsi, à la propriété capitaliste, relativement simple et brutale, se substituera une propriété infiniment complexe, où le droit social de la nation servira à assurer, par l'intermédiaire de groupements multiples, locaux ou professionnels, le droit essentiel de toute personne humaine, l'essor libre de toute activité. Tout élément capitaliste aura disparu ; aucun homme ne pourra se servir d'autres hommes pour se créer des dividendes, des bénéfices, des rentes, des loyers, des fermages.

Mais la propriété nouvelle en sa complexité vaste, nationale, communale, corporative, coopérative, sera en même temps individuelle : car aucun individu ne sera livré ou à l'exploitation d'autres individus, ou à la tyrannie des groupes, ou au despotisme de la nation : et le droit de chacun sera garanti par des contrats précis et souples qui seront, jusque dans la propriété commune, la forme épurée de la propriété individuelle.

Ainsi se vérifiera la conclusion de l'historien, que le concept de propriété doit se modifier encore. Et en ce sens, il n'est pas un chercheur, il n'est pas un érudit, qui ne travaille à démontrer le ridicule, la puérilité de la formule radicale. Je voyais, dans le volume de M Sée, la longue liste des hommes de science, chartistes, archivistes, historiens, qui ont ou recueilli ou ordonné ou déjà interprété les documents dont il se sert. Et certes, parmi ces hommes, il en est beaucoup qui appartiennent ou qui croient appartenir aux partis de conservation, quelques-uns même aux partis de réaction. Mais tous, quel que soit leur système personnel, quelle que soit leur croyance, tous ils servent la cause de l'évolution, c'est-à-dire, en ce moment, la cause du socialisme, parce qu'ils ne s'arrêtent pas à la surface de l'histoire, mais qu'ils pénètrent le fond et qu'ils découvrent aux hommes l'éternel mouvement qui décompose et recompose, selon des formes et des lois nouvelles, la propriété. Et il est impossible que de proche en proche ces études des maîtres ne pénètrent pas jusqu'à la jeunesse bourgeoise.

Ainsi, quand les radicaux, pour arrêter ou pour ralentir le mouvement d'émancipation du prolétariat, parleront du maintien nécessaire de ce qu'ils appellent, en jargon scolastique, la *propriété individuelle*, ils seront pris entre la colère de la démocratie ouvrière qui leur reprochera justement de défendre, sous ce mot ambigu, la propriété capitaliste, et le dédain de la science qui opposera, à leur conception abstraite et immobile de la propriété, la réalité du mouvement historique.

*

* *

L'heure approche où nul ne pourra parler devant le pays du *maintien de la propriété individuelle* sans se couvrir de ridicule et sans se marquer soi-même d'un signe d'infériorité. Ce qui règne aujourd'hui, sous le nom de propriété individuelle, c'est une propriété de classe, et ce n'est pas au maintien de cette propriété de classe, c'est à son abolition que doivent travailler, d'un effort continu, ceux qui veulent l'avènement de la démocratie dans l'ordre économique comme dans l'ordre politique.

Mais que les radicaux veuillent bien y prendre garde. Si leur formule sociale : maintien de la propriété individuelle, est réduite à rien, si elle est destituée de tout sens, ce n'est pas seulement par l'exemple du passé ; ce n'est pas seulement par la tendance invincible des forces nouvelles à briser le cadre capitaliste. Dans la société bourgeoise elle-même, dans le code bourgeois, la propriété individuelle revêt tant de formes incomplètes, subit tant de démembrements et de restrictions, que, dès maintenant, et au point de vue même de la bourgeoisie, c'est un enfantillage ou un anachronisme de parler purement et simplement du maintien de la propriété individuelle.

Nous, socialistes, pour démembrer ou absorber graduellement la propriété capitaliste, pour diriger dans le sens de la propriété collective le mouvement social, il nous suffira bien souvent d'élargir certaines pratiques de la société bourgeoise, d'appliquer grandement quelques articles de son code, et d'accélérer, dans les voies où elle est engagée déjà, la marche de notre législation. Ceux qui s'instituent les gardiens de la *propriété individuelle* ne se bornent pas à nier la société de demain ; ils méconnaissent la société présente.

PROPRIÉTÉ INDIVIDUELLE ET CODE BOURGEOIS

C'est de trois façons que la propriété individuelle est limitée et refoulée. D'abord il a été impossible au code bourgeois de régler les rapports des divers propriétaires individuels sans consacrer des formes restreintes, incomplètes de la propriété individuelle. En second lieu, l'impôt, dont le rôle va croissant dans l'économie sociale, les lois françaises sur les successions et la loi sur l'expropriation pour cause d'utilité publique sont autant de forces qui investissent, limitent, refoulent la propriété individuelle. En troisième lieu, toute la législation ouvrière, toute celle qui est appliquée, toute celle qui est réclamée est une conquête du droit collectif, de la puissance collective, sur la propriété individuelle. Il n'y a pas une seule réforme démocratique, il n'y a pas une seule loi de protection ouvrière et de solidarité sociale qui ne restreigne le droit des détenteurs du capital, c'est-à-dire la propriété individuelle bourgeoise.

L'article 537 du code civil dit : « les particuliers ont la libre disposition des biens qui leur appartiennent, sous les modifications établies par les lois. » L'article 544 du même code civil dit : « La propriété est le droit de jouir et disposer des choses de la manière la plus absolue, pourvu qu'on n'en fasse pas un usage prohibé par les lois ou par les règlements. » Il est clair que tout le système social est modifié selon qu'il réalise l'affirmation principale de ces deux articles, c'est-à-dire la libre disposition des biens, et le droit de jouir et disposer des choses, ou selon qu'il multiplie les modifications, les restrictions et les réserves que ces articles prévoient en leur deuxième partie. Or, même dans le fonctionnement de la propriété bourgeoise, même dans les rapports qu'ont entre eux les individus possédants, nombreuses sont les formes de propriété où l'individu n'a pas la libre disposition des biens, le droit entier de jouir et de disposer des choses, ou selon qu'il multiplie les modifications, les restrictions et les réserves que ces articles prévoient en leur deuxième partie.

*

* *

Or, même dans le fonctionnement de la propriété bourgeoise, même dans les rapports qu'ont entre eux les individus possédants, nombreuses sont les formes de propriété où l'individu n'a pas la libre disposition des biens, le droit entier de jouir et de disposer des choses.

Qu'est-ce que l'usufruit sinon un démembrement de la propriété individuelle ? L'usufruit, tel que le définit l'article 578 du code, « est le droit de jouir des choses dont un autre a la propriété comme le propriétaire lui-même, mais à la charge d'en conserver la substance » . Ainsi l'usufruitier d'un domaine recueille, pendant toute la durée de l'usufruit, les fruits naturels ou industriels de la terre, ceux qu'elle produit spontanément et ceux qu'en obtient la culture ; mais il ne peut ni aliéner ni morceler ce domaine, ni en entamer les valeurs permanentes, comme les arbres de haute futaie. Ainsi, pendant toute la durée de l'usufruit, il n'y a aucun individu qui exerce sur le domaine qui y est soumis le droit plein de propriété ; ni l'usufruitier ne peut disposer du fonds, ni celui qui a la nue propriété ne peut disposer des fruits.

J'entends bien que dans ce démembrement, la propriété reste individuelle, puisque ce sont encore des individus qui détiennent ces fragments du droit de propriété décomposé. Mais il reste vrai que la société bourgeoise elle-même est conduite à mettre une partie de la richesse, une partie du capital foncier ou mobilier, en dehors du droit plein de la propriété individuelle. Il reste vrai que même dans les rapports bourgeois, même dans la sphère des intérêts bourgeois, la propriété individuelle ne forme pas un absolu, un bloc indivisible, mais qu'elle se dissocie au contraire et se dissout.

Ce qui est vrai de l'usufruit est vrai aussi des droits d'usage et d'habitation, mais avec des particularités remarquables. Dans l'usufruit, l'usufruitier se substitue à celui qui a la nue propriété, pour la perception de tous les fruits du domaine ou du capital qui est soumis à ce dédoublement de propriété. Au contraire l'individu qui a un droit d'usage sur une chose qui ne lui appartient pas, un droit d'habitation dans un immeuble qui ne lui appartient pas, n'a pas nécessairement droit à l'usage exclusif de la chose, ou à l'occupation entière de l'immeuble. Son droit d'usage ou d'habitation est réglé par les conditions les plus variables, qui créent les rapports de propriété les plus complexes et les plus instables.

« Les droits d'usage et d'habitation, dit l'article 628 du code civil, se règlent par le titre qui les a établis, et reçoivent, d'après ses dispositions, plus ou moins d'étendue. »

Et les articles suivants (629-635) précisent :

« Si le titre ne s'explique pas sur l'étendue de ces droits, ils sont réglés ainsi qu'il suit : — Celui qui a l'usage des fruits d'un fonds, ne peut en exiger qu'autant qu'il lui en faut pour ses besoins et ceux de sa famille. Il peut en exiger pour les besoins même des enfants qui lui sont survenus depuis la concession de l'usage. — L'usager ne peut céder ni louer son droit à un autre. — Celui qui a un droit d'habitation dans une maison peut y demeurer avec sa famille, même quand il n'aurait pas été marié à l'époque où ce droit lui a été donné. — Le droit d›habitation se restreint à ce qui est nécessaire pour l›habitation de celui à qui ce droit est concédé, et de sa famille. — Le droit d›habitation ne peut être ni cédé ni loué. Si l›usager absorbe tous les fruits du fonds, ou s›il occupe la totalité de la maison, il est assujetti aux frais de culture, aux réparations d›entretien, et au paiement des contributions comme l›usufruitier. — S›il ne prend qu›une partie des fruits, ou s›il n›occupe qu›une partie de la maison, il contribue au prorata de ce dont il jouit. »

Qu'est donc devenue, en ces combinaisons, la rigueur du droit individuel de propriété ? De la chose sur laquelle est exercé un droit d'usage, de l'immeuble sur lequel est exercé un droit d'habitation, nul ne peut disposer pleinement ; ni l'usager, ni le propriétaire. Et quels rapports compliqués et mouvants ! Ce droit d'usage et d'habitation grandit avec la famille même de celui qui en a reçu titre. Et il se peut que ce droit d'usage ou d'habitation, n'étant que partiel, laisse coexister, pour un même immeuble, le droit d'usage qui restreint la propriété et le droit plein de propriété. Quelles combinaisons, quel enchevêtrement des droits, et quelle dispersion du droit de propriété !

*

* *

Certes, lorsque les grands juristes de la révolution sociale, lorsque les grands organisateurs du droit socialiste s'appliqueront, au fur et à mesure que sedéveloppera la propriété collective, à instituer les formules juridiques qui concilieront le droit souverain de la communauté, l'action des groupes locaux et professionnels, le droit des communes, le droit des individus, ils trouveront dans l'usufruit et le droit d'usage et d'habitation, dans les combinaisons mêmes du code bourgeois, bien des précédents et des inspirations.

Grande est la place que les « servitudes ou services fonciers » tiennent dans le fonctionnement actuel de la propriété. Or, que sont encore ces servitudes sinon un démembrement de la propriété, une diminution du droit que l'individu possédant a sur l'immeuble rural ou urbain dont il est propriétaire ?

« Une servitude, dit l'article 637 du code civil, est une charge imposée sur un héritage pour l'usage et l'utilité d'un héritage appartenant à un autre propriétaire. »

C'est si bien un démembrement et une restriction du droit de propriété que les rédacteurs du code civil ont craint que la servitude parût créer, d'un immeuble à un autre, une sorte de dépendance analogue à l'ancienne vassalité. Et l'article 638 précise :

« La servitude n'établit aucune prééminence d'un héritage sur un autre. »

Ces servitudes sont très diverses. Tantôt elles ont pour objet de rendre possible à un individu l'exercice de son droit, qui serait supprimé par l'exercice entier du droit de propriété de ceux qui l'entourent. Ainsi le droit de passage :

Article 682 : « Le propriétaire dont les fonds sont enclavés et qui n'a sur la voie publique aucune issue, ou qu'une issue insuffisante pour l'exploitation, soit agricole, soit industrielle de sa propriété, peut réclamer un passage sur les fonds de ses voisins, à la charge d'une indemnité proportionnée au dommage qu'il peut occasionner. »

Tantôt elles ont pour objet d'empêcher qu'un propriétaire détourne à son profit exclusif une force naturelle qui doit être commune à plusieurs. « Celui dont une eau courante traverse l'héritage peut en user dans l'intervalle qu'elle y parcourt, mais à la charge de la rendre, à la sortie de son fonds, à son cours ordinaire ; — S'il s'élève une contestation entre les propriétaires auxquels ces eaux peuvent être utiles, les tribunaux, en prononçant, doivent concilier l'intérêt de l'agriculture avec le respect dû à la propriété. » (articles 644 et 655)

Tantôt elle a pour objet d'assurer, par le concours forcé de divers propriétaires, ce qui est la condition commune de leur propriété. Ainsi, en vertu de l'article 664, « lorsque les différents étages d'une maison appartiennent à divers propriétaires, si les titres de propriété ne règlent pas le mode de réparations et reconstructions, elles doivent être faites ainsi qu'il suit :

« Les gros murs et le toit sont à la charge de tous les propriétaires, chacun en proportion de la valeur de l'étage qui lui appartient.

« Le propriétaire de chaque étage fait le plancher sur lequel il marche.

« Le propriétaire du premier étage fait l'escalier qui y conduit ; le propriétaire du second étage fait, à partir du premier, l'escalier qui conduit chez lui ; et ainsi de suite. »

Voilà certes des rapports de propriété assez compliqués. Il y a dans cette maison des parts de propriété individuelle : c'est chaque étage. Puis une sorte d'organisme commun : le toit, les gros murs, qui doivent être entretenus par tous selon des règles spéciales tracées par la loi.

Comme les bourgeois se moqueraient des *utopistes* socialistes, si pour décrire d'avance le mécanisme supposé de la propriété sociale dans une catégorie déterminée d'objets, nous imaginions un enchevêtrement des obligations et des droits analogue à celui que l'article 664 crée pour la propriété bourgeoise d'une maison !

De même, lorsque peu à peu les petits propriétaires paysans, sans renoncer encore à l'individualité de leur domaine, comprendront la nécessité d'associer leurs efforts au moins partiellement et pour des objets déterminés, lorsqu'ils formeront, avec le concours de la communauté nationale, des associations de drainage, de nivellement, d'irrigation, l'association ainsi formée devra exercer sur l'ensemble des domaines partiellement solidarisés des droits précis, qui seront comme une extension de ces *servitudes* que déjà, dans l'intérêt de l'agriculture, impose aux possédants d'aujourd'hui le code de la *propriété individuelle.* mais cette *servitude* sera une libération. Elle affranchira le paysan de l'isolement, de la routine, de la misère.

Qu'on ne se méprenne point sur ma pensée. Je n'ai point la puérilité de prétendre que le droit socialiste sortira, par interprétation et évolution des textes, du droit bourgeois. Les grandes transformations sociales ne se font point par des habiletés de procédure et le code socialiste ne sera pas l'épanouissement imprévu de quelques germes équivoques, cachés dans le code bourgeois. C'est l'action de classe du prolétariat, s'exerçant avec une force croissante sur l'ensemble de la vie sociale, qui suscitera des rapports nouveaux de propriété et des formules juridiques nouvelles.

Mais au moment où tous les partis se dressent contre nous comme les gardiens de la *propriété individuelle*, il n'est point inutile, pour constater le néant de la formule et l'équivoque de leurs pensées, de constater que la société bourgeoise elle-même n'a pu assurer son propre fonctionnement sans soumettre la *propriété individuelle* à des démembrements, à des restrictions, à des règles qui semblent annoncer un droit social nouveau.

Ce que j'ai dit de l'usufruit, des droits d'usage et d'habitation, des servitudes, s'applique aussi à l'hypothèque. Par celle-ci, la dette d'un individu envers un autre individu s'incorpore à un domaine. Elle ne fait plus qu'un avec le domaine ; elle le suit et pèse sur lui, quel que soit l'acquéreur. C'est vraiment encore un démembrement de la propriété.

Encore une fois, je rappelle, pour qu'on ne se méprenne point sur ma pensée et qu'on ne me prête pas des conclusions forcées et factices, que ces démembrements et restrictions de la propriété ne nous font point sortir encore de la sphère de la propriété individuelle et bourgeoise. C'est en vertu du mode bourgeois d'acquisition que fonctionnent l'usufruit, l'hypothèque, la servitude. Et je ne conteste point que ce soient des modes de la propriété individuelle. Mais je dis que, déjà, par la diversité de ses modes, par les limitations qu'elle subit, la propriété individuelle manifeste qu'elle n'est point un absolu. Même dans sa sphère d'action, même dans la société bourgeoise et le code bourgeois, la propriété individuelle a des degrés. Avant même toute intervention d'État et avant toute pression du prolétariat organisé, la propriété individuelle bourgeoise est obligée de se démembrer, d'abandonner une partie de sa force, de revêtir des formes où sa définition légale, le droit plein de disposer, ne se retrouve plus. Dans l'usufruit, le droit d'usage, le droit d'habitation, la servitude et l'hypothèque, plusieurs droits individuels bourgeois se rencontrent dans une même propriété, et n'y coexistent qu'en la démembrant.

La propriété individuelle bourgeoise n'est donc pas un bloc homogène : elle-même, bien des fois, n'a pu subsister qu'en se décomposant. Il y a des fêlures dans le code bourgeois. Et, même au point de vue du code civil, les partis qui se donnent, en une formule générale, comme les défenseurs de la propriété individuelle prononcent des mots qui n'ont pas tout leur sens.

LA PROPRIÉTÉ INDIVIDUELLE ET L'IMPÔT

Je n'ai point la sottise de considérer l'impôt, dans la société d'aujourd'hui, comme une institution communiste. Je sais que l'impôt reçoit son caractère de la société même où il fonctionne et au profit de laquelle il fonctionne. Il est destiné surtout à assurer le maintien et l'exercice des puissances sociales dominantes. Dans la société féodale, les prélèvements de tout ordre exercés par le seigneur ont pour but d'assurer le pouvoir du seigneur. Quand la puissance royale commence à grandir, c'est par les rois qu'est levée une partie de l'impôt ; c'est à assurer et à développer leur pouvoir que l'impôt est consacré. De même, dans une société comme la nôtre, où la puissance de la classe possédante, bourgeoise et capitaliste, est encore dominante, c'est surtout au service de cette classe qu'est l'impôt. Il est pour elle un moyen de conservation, de gouvernement et de profit. Il lui permet d'assurer, par ses tribunaux, le maintien du droit bourgeois, le respect de la propriété bourgeoise. Il lui permet de payer annuellement de formidables arrérages aux rentiers bourgeois et d'équilibrerainsi, par le lest constant du budget, la fortune de la bourgeoisie livrée à tous les courants du désordre économique. Il lui permet d'entretenir une armée redoutable et onéreuse, qui, dans l'état présent d'antagonisme des classes et de conflit des intérêts, est destinée autant à protéger le capital contre les prolétaires que la nation contre l'étranger. Il lui permet encore d'allouer à des industries, dont les bénéfices sont absorbés par elle, des primes, des subventions, des garanties d'intérêt.

Au moment où nous sommes du développement des États modernes, on peut dire que les deux tiers au moins du budget constituent un budget de classe. Les dépenses vraiment communes et humaines, dépenses pour les travaux publics, pour l'instruction à tous ses degrés, pour l'assistance et l'assurance sociales, ne représentent encore qu'une faible fraction des budgets d'État. Et ce n'est pas seulement par l'affectation des ressources, c'est par la manière de se les procurer que le budget de l'État bourgeois a un caractère de classe. Par les impôts de consommation, une part démesurée des ressources publiques est demandée aux pauvres, aux prolétaires. J'espère donc que l'on ne me soupçonnera pas de considérer l'impôt, au point où nous sommes de l'évolution politique et sociale, comme une première forme du communisme.

Il reste vrai pourtant que l'impôt, avec le développement qu'il a pris dans les États modernes, est une large restriction de la propriété individuelle. Le projet de budget du ministre des finances pour l'année 1902 prévoit une recette de 3 milliards 597 millions, c'est-à-dire, en chiffres ronds, une recette de 3 milliards 600 millions. Les recettes des départements et des communes dépassent 400 millions. Ainsi le chiffre total de l'impôt s'élève à plus de 4 milliards par année. Or, d'après les statistiques les plus sérieuses, le capital de la France s'élève à 200 ou 220 milliards ; et le revenu total annuel de la France, revenus des capitaux, revenus du travail, s'élève à 20 ou 25 milliards.

C'est dire que l'impôt prélève tous les ans un sixième, peut-être un cinquième du revenu total des citoyens. *or, bien que ces milliards* soient encore affectés surtout au service d'une classe, bien que sur une partie des ressources de l'état, de nombreux particuliers, porteurs de titres de rente, titulaires de pensions, aient des titres individuels, il est certain que ce ne sont pas des individus qui disposent de ces sommes énormes. C'est la nation qui, par l'intermédiaire de ses représentants, en règle l'emploi.

Ainsi, un cinquième du revenu total de la nation est soustrait au droit individuel, à la volonté individuelle. C'est encore, pour une large part, une propriété de classe, mais cette propriété de classe, au lieu de prendre la forme de la propriété individuelle, prend la forme de la propriété d'État. Or, par là, si elle n'est pas encore propriété commune, elle peut le devenir. L'État, dans une démocratie, n'est pas exclusivement un État de classe, et il le sera de moins en moins. Dès maintenant, l'État est principalement, mais non exclusivement, un État bourgeois. De même que dans la société actuelle l'influence de la bourgeoisie possédante et capitaliste, si elle est dominante, n'exclut pas pourtant toute influence de la démocratie et du prolétariat, de même l'État, expression et organe de cette société, est un composé d'oligarchie bourgeoise et capitaliste, de démocratie et de puissance prolétarienne. Et la proportion des forces diverses ou même contraires qui s'expriment par l'état est incessamment variable. Elle peut varier, et elle variera nécessairement dans une démocratie, au profit de la classe ouvrière, qui d'un mouvement continu grandit en nombre, en organisation, en conscience.

Or, à mesure que la démocratie et le prolétariat accroîtront leur influence sur l'État moderne, ils accroîtront par là même leur influence et leurs prises sur le budget de l'État moderne transformé. Ils en réduiront le plus possible les dépenses de classe, pour développer les dépenses d'intérêt commun, et pour tourner à l'émancipation de la classe ouvrière une part croissante des ressources publiques. L'effort principal évidemment sera d'alléger le budget du poids de la dette dont il est grevé au profit de la bourgeoisie rentière et du terrible poids des dépenses militaires.

Ainsi c'est la société bourgeoise elle-même qui a soustrait un cinquième du revenu total de la nation, revenus du capital et revenus du travail, à l'action directe des individus. C'est la société bourgeoise elle-même qui a mis tous les ans quatre milliards, c'est-à-dire la représentation d'un capital de cent milliards, en dehors de la propriété individuelle, définie par le droit de disposer. C'est elle qui a créé, à mi-chemin de la propriété individuelle et du communisme, une propriété collective d'État, une substance collective de propriété, que la démocratie sociale pourra peu à peu assimiler en propriété communiste.

*

* *

Si la formule des radicaux : *maintien de la propriété individuelle*, a un sens pour leur esprit, ils doivent désirer que la propriété collective d'État constituée par l'impôt reste le plus près possible de la propriété individuelle, le plus éloignée possible de la propriété sociale et commune. Or je prends, à titre d'exemple, la combinaison proposée par le ministre des finances pour les retraites ouvrières.

Aujourd'hui, dans le budget de l'État, la partie la plus bourgeoise assurément et la plus imprégnée de propriété individuelle, c'est la partie qui est consacrée au service de la dette, au payement des rentes ; car d'abord, c'est là une des forces les plus constantes, les plus certaines de la bourgeoisie, et en second lieu, les porteurs de rentes ont des titres individuels, des créances individuelles sur l'État.

Supposez au contraire que la loi institue un régime obligatoire de retraite pour tous les salariés ; que par un versement obligatoire des salariés et des employeurs et par une contribution de l'État, elle constitue une caisse de retraites ; que les fonds de cette caisse soient capitalisés, et que les capitaux ainsi accumulés soient employés à acheter de la rente française. Supposez qu'ainsi la totalité ou la presque totalité, ou, si l'on veut, une très grande partie de la rente française soit devenue la propriété de la caisse générale des retraites, et par elle de l'ensemble des travailleurs. Que sera-t-il advenu ? En apparence le budget n'aura point été modifié ; cette partie du budget, arrérages des rentes diverses, n'aura pas changé de physionomie. Mais, en réalité, la partie du budget consacrée au service de la rente se sera-t-elle rapprochée ou se sera-t-elle éloignée de la propriété individuelle ?

Je le demande aux radicaux, qui ne peuvent trouver ma supposition vaine, puisqu'elle répond au projet que soutiennent la plupart d'entre eux. Je le demande à l'éminent rapporteur M Guieysse, qui est certainement un des plus vigoureux esprits du parti radical. Et je les défie de contester que par la loi qu'ils soutiennent, et que c'est leur honneur de soutenir, une importante partie du budget soit détournée de la propriété individuelle.

J'entends bien que chaque salarié, chaque participant de la caisse aura, dans le projet, son compte individuel, son titre individuel, son droit individuel. Je le sais, et je m'en réjouis, car le communisme n'est pas la confusion. Mais comparez cette propriété des salariés avec la propriété du rentier bourgeois qui la veille possédait les titres, et dites si celle-ci n'avait pas un caractère beaucoup plus marqué de propriété individuelle.

D'abord, c'est selon les modes bourgeois d'acquisition que le rentier avait réalisé les fonds placés par lui en titres d'état ; puis, c'est par un acte de sa volonté individuelle qu'il avait précisément employé en rentes d'État les fonds acquis et possédés par lui. Enfin, il pouvait vendre à son gré, au moment choisi par lui, et donner à ses fonds la destination nouvelle qui lui plaisait.

Donc, pas un moment il n'a cessé de « disposer », et jamais ce qu'on appelle la propriété individuelle ne s'est affaibli en ses mains. Au contraire, c'est un acte social, c'est une volonté sociale qui crée la propriété des salariés participant à la retraite. Ce n'est pas l'action individuelle du salarié, s'exerçant dans les conditions de la société bourgeoise et capitaliste, ou du moins ce n'est pas cette action seule qui réunit tous les ans les ressources versées pour lui à la caisse. La loi oblige les employeurs et l'État à contribuer, et c'est à peine si l'on peut dire que le versement du salarié lui-même est individuel, puisqu'il est imposé par la loi, puisqu'il s'accomplit sans l'assentiment individuel du salarié, au besoin même malgré sa résistance.

*
* *

A l'origine donc de cette propriété constituée au salarié, il n'y a aucun des caractères de la propriété individuelle définie par le code civil. Et à peine est-elle constituée au nom et au compte du salarié, mais par un acte social, qu'elle échappe au salarié.

Il pourra, par ses camarades délégués dans les conseils de gestion, gérer les fonds de la caisse ; mais que sera cette participation de l'individu à l'immense gestion collective à côté de l'incessante faculté de disposer qu'avait tout à l'heure le rentier bourgeois ? Et si les conseils de gestion de la caisse emploient les fonds à acheter la rente de l'État, qui ne voit que celle-ci, devenue la propriété collective et relativement immobile de l'ensemble des salariés, est beaucoup moins voisine du type de la propriété individuelle qu'elle ne l'était aux mains remuantes des titulaires bourgeois ?

Aussi bien, la propriété ainsi créée à chaque salarié ne procède d'aucun des modes d'acquisition de la propriété individuelle bourgeoise. Ce n'est ni par un achat, ni par une donation, ni par un héritage, ni par le gain du commerce que les salariés recueillent les ressources versées pour eux à la caisse. C'est leur qualité de travailleurs, c'est leur seul titre d'hommes qui est reconnu par la société comme générateur du droit à la retraite ; c'est en vertu d'un droit humain, d'un droit social, commun à tout homme en tant qu'homme, c'est en vertu d'un droit personnel et universel tout ensemble, où nous reconnaissons le fondement juridique et moral de tout le communisme, que le droit à la retraite de tout salarié et la vaste propriété qui sert de garantie à ce droit sont institués.

C'est là, avec un inévitable mélange d'éléments hétérogènes, une ébauche du droit communiste ; c'est un premier fragment du droit à la vie, dont l'entière réalisation, dans le sens plein et noble du mot vie, serait l'entier communisme.

Et lorsque la rente, rachetée des mains des rentiers bourgeois, sert à assurer le service de cette première propriété humaine, j'ai le droit de dire que cette partie du budget, sous l'impulsion combinée des radicaux et des socialistes, s'éloigne de la propriété individuelle ; et j'ai le droit aussi de demander aux radicaux : que signifie cette formule contre laquelle vous-mêmes vous travaillez ?

*

* *

Mais encore une fois, et quoi qu'il advienne d'une combinaison que je n'ai citée qu'à titre d'exemple, il me paraît certain que l'impôt constitue une propriété d'État collective ; il est certain que cette propriété d'état, marquée encore aujourd'hui de l'empreinte décisive de la propriété bourgeoise et d'un profond caractère de classe, évoluera nécessairement, sous l'action de la démocratie et des prolétaires, vers la propriété sociale et commune.

Et qu'on ne me dise point qu'il y a toujours eu, sous des formes diverses, ce qu'on appelle l'impôt, et que si l'impôt pouvait être considéré comme une sorte de propriété collective, ou même comme un germe de cette propriété, il y aurait eu de tout temps des germes de communisme.

Ce qui est nouveau, c'est que cette propriété collective d'État qui s'appelle l'impôt ait pris une si énorme extension dans une société qui a inscrit dans ses codes le droit souverain de la propriété individuelle. Ce qui est nouveau, c'est que la société bourgeoise et bourgeoisement individualiste ait été conduite, pour assurer son propre fonctionnement, à créer cette propriété d'État, qui représente un cinquième de l'activité nationale, et qui, malgré sa destination première de classe, est, au moins par sa forme collective, en opposition avec la forme individuelle de la propriété. Ce qui est nouveau et important, c'est que cette propriété collective d'état s'accroisse et évolue dans une société démocratique où le prolétariat grandit en nombre et en force ; c'est, par conséquent, qu'une démocratie toute pénétrée de pensée prolétarienne puisse peu à peu aménager pour le bien du prolétariat et selon le droit communiste cette immense propriété collective dont la société bourgeoise elle-même a peu à peu créé et élargi l'habitude.

LA PROPRIÉTÉ INDIVIDUELLE ET LE DROIT SUCCESSORAL

Ce n'est pas au profit de la grande communauté des travailleurs et des citoyens, c'est au profit de la petite communauté de la famille que la loi française sur les successions règle et limite la faculté de disposer de leurs biens qu'ont les individus. Mais nos lois sur les successions n'en sont pas moins une grave et profonde atteinte au *droit individuel*, à la *propriété individuelle.*

C'est par la libre disposition des biens que le code civil caractérise la propriété. Un individu qui ne dispose pas de ses biens en toute liberté, en toute souveraineté, n'en est pas pleinement propriétaire. Une autre puissance limite sa puissance, un autre droit limite son droit.

Or, les citoyens français ne peuvent pas disposer librement de leurs biens. Ils ne peuvent pas les transférer par dons ou legs absolument à qui leur plaît : la loi de l'état intervient pour leur dire en partie à qui les transmettre, et selon quelle proportion. Les individus sont tenus de réserver leurs biens aux héritiers que la loi désigne, dans l'ordre où elle les leur désigne. L'article 731 du code civil dit : « les successions sont déférées aux enfants et descendants du défunt, à ses ascendants et à ses parents collatéraux, dans l'ordre et suivant les règles ci-après déterminées. »

Ainsi ce n'est pas la volonté individuelle du possédant qui choisit tous ceux auxquels ira sa propriété. L'État choisit pour lui. La loi de l'État décide pour lui. Et comme la propriété se définit, aux termes mêmes du Code civil, par la faculté de disposer, l'État même a une sorte de propriété sur tous les biens des citoyens, puisqu'il se substitue à eux dans la disposition même de leurs biens. Il ne les retient pas pour lui ; il les transmet à des individus. Mais c'est l'État, et non le possédant, qui règle cette transmission. C'est donc l'État qui fait, en cet ordre, acte de propriété. Et par aucun moyen, par aucun biais, l'individu possédant ne peut éluder la volonté souveraine de l'État. Non seulement l'État, à défaut d'une disposition précise du possédant, décide à quels héritiers doit échoir la succession. Mais l'individu possédant, en pleine vie, en pleine activité, en pleine force, ne peut que dans une faible mesure disposer de ses biens. Il peut les louer, il peut les vendre, car la vente n'est en somme qu'un changement de forme de la propriété, et en échange de l'objet vendu, le vendeur reçoit une valeur égale. La location, la vente modifient la manière de percevoir les fruits de la propriété, ou la forme de la propriété. Elles n'en atteignent pas le fond, elles n'en diminuent point la valeur, et par suite, elles ne lèsent pas les intérêts des héritiers d'avance désignés par l'État. Mais ce qui est interdit à l'individu, c'est de faire abandon de sa propriété au profit d'autres personnes que celles que l'État a instituées d'avance propriétaires par succession. Ou du moins, il ne peut en abandonner librement qu'une assez faible portion, étroitement limitée par la loi.

L'article 913 du code civil dit : « Les libéralités, soit par actes entre vifs, soit par testament, ne pourront excéder la moitié des biens du disposant, s'il ne laisse à son décès qu'un enfant légitime ; le tiers, s'il laisse deux enfants ; le quart, s'il en laisse trois ou un plus grand nombre. »

Ainsi le droit individuel du citoyen français sur sa propriété est limité étroitement. En vain le paysan propriétaire alléguera-t-il qu'il a peiné prodigieusement pour acquérir un petit domaine ; que ce domaine ne peut pas sans périr, sans perdre beaucoup de sa valeur, se décomposer et s'émietter ; qu'il voudrait le réserver à un seul héritier, le plus économe, le plus vaillant, le plus avisé de tous. — La loi, par des raisons supérieures d'équilibre social et d'égalité, l'oblige à répartir à peu près également entre tous ses enfants le petit domaine créé par lui, et par lui seul. En vain les propriétaires paysans de Normandie représentèrent-ils à la Constituante, à la Législative, à la Convention que d'habitude ils mariaient leurs filles, avec une petite dot, hors du domaine familial ; qu'ils gardaient auprès d'eux leurs fils pour le cultiver, que souvent, par le long effort de ces fils, la valeur du domaine était accrue, et qu'il était injuste d'admettre les filles, à la mort du père, au partage de ce surcroît de valeur. — La Convention ne voulut admettre aucune, et le Code civil n'a admis presque aucune exception à la loi d'égalité domestique selon laquelle elle décomposait les biens des citoyens. En vain, aujourd'hui, l'industriel audacieux qui par son initiative aura créé une grande industrie voudra-t-il la laisser tout entière ou presque tout entière au seul héritier capable, selon lui, de la soutenir et de l'étendre. Ce n'est pas lui qui décide ; ce n'est pas sa volonté qui fait loi ; ce n'est pas lui, créateur de cette richesse, qui en dispose à son gré. L'État intervient et répartit cette propriété dite individuelle selon les règles souveraines qu'il a tracées.

Que de fois on nous dit, à nous socialistes : « Vous voulez donc par votre système d'égalité traiter de même le paresseux et le laborieux ? Votre socialisme n'est qu'une prime à la paresse. »

C'est absurde ; car en appelant tous les citoyens, tous les travailleurs à la propriété collective des instruments de travail, nous affranchissons les travailleurs de la dîme des parasites, du tribut levé par la paresse de l'actionnaire sur le labeur du prolétaire. Mais c'est la loi bourgeoise des successions, c'est la loi instituée par la bourgeoisie révolutionnaire qui pouvait être accusée de favoriser la paresse, puisqu'elle assure à tous les enfants, même aux plus indolents, même à ceux qui abuseront de leur part de l'héritage paternel pour vivre d'une vie oisive, une égale portion irréductible de cet héritage. Elle ne laisse pas au père, à celui qui a créé la propriété, qui a éprouvé tous les jours le caractère, les facultés des fils, le droit de traiter tout à fait autrement celui qui fera de l'héritage un instrument de travail et celui qui en fera un instrument de paresse. Elle ne le lui permet que dans une assez faible mesure.

La Révolution, voulant réaliser le plus haut degré possible d'égalité dans l'intérieur de la famille, a passé outre aux difficultés et aux objections. Elle a lié les volontés individuelles. Elle a attenté à la propriété individuelle dans un intérêt social, en vue d'une plus large diffusion des richesses.

*
* *

Notez que dans les biens possédés par l'individu, la loi de l'État ne fait aucune différence de forme ou d'origine, qu'elle les soustrait tous, indistinctement, à la volonté individuelle, au droit individuel, qu'elle les soumet tous aux mêmes règles de dévolution et de succession.

On pourrait comprendre, à la rigueur, *au point de vue de la propriété individuelle*, que la loi de l'État obligeât le père à transmettre à tous ses enfants la part de ses biens que lui-même a reçue de ses ascendants. Ce serait là comme une sorte de réserve héréditaire, de patrimoine familial que le père transmettrait comme il l'a reçu. Mais pour cette part des biens que le père lui-même a acquise, qui est son oeuvre propre, le prix de son effort personnel, peut-être la rançon de sa vie épuisée par le souci et le labeur, comment est-il possible, sans violer à fond *la propriété individuelle*, de ne pas lui en laisser, à lui et à lui seul, l'entière disposition ?

Or, la loi ne connaît point cela. Elle exproprie tout citoyen français de la faculté de disposer de ses biens, quels qu'ils soient, même de ceux qui portent la marque toute vive, l'empreinte toute chaude de son effort individuel. L'article 732 du code civil, avec une sorte d'impassibilité et d'indifférence qui est la négation même du droit individuel, dit ceci : « la loi ne considère ni la nature *ni l'origine*des biens pour en régler la succession. » et comme est étroite, dans notre code, la subordination du droit individuel au droit familial, de la propriété individuelle à la propriété familiale constituée par la volonté de l'État ! Ce n'est pas seulement envers ses enfants vivants que le citoyen est tenu. Ce n'est pas à eux seulement qu'il doit réserver son bien, qui d'avance est le leur. C'est envers toute la suite des générations qu'il est lié : les descendants des enfants morts, à quelque degré que ce soit, sont appelés, par représentation, à succéder de droit, comme s'ils étaient l'enfant lui-même.

Les petits-fils, les arrière-petits-fils héritent de droit, si la mort a emporté les générations qui les séparent du premier ascendant. Quand même les arrière-petits-fils seraient déjà riches par l'héritage recueilli de leur père et de leur grand-père, le bisaïeul est tenu de leur réserver leur part. Ainsi, la propriété individuelle est grevée d'obligations décisives au profit de la famille pour toute la suite des générations ; elle est hypothéquée, au profit du plus lointain avenir, d'une hypothèque éternelle.

II

Le Code civil prend les précautions les plus minutieuses pour défendre la propriété familiale, créée par la loi de l'État, contre la volonté du possédant individuel. Il va jusqu'à briser, par un effet rétroactif, toutes les transactions qui seraient contraires au droit de la propriété familiale, supérieur au droit de la propriété individuelle.

Ainsi, un individu, au cours de sa vie, fait donation d'une partie de ses biens, par une disposition entre vifs. Il se peut qu'à ce moment la portion des biens qu'il donne ne dépasse pas celle dont il peut légalement disposer. Par exemple, s'il a trois enfants, il peut disposer du quart de sa fortune, et il en dispose en effet : le donataire entre en possession de la portion des biens qui lui est donnée. Mais voici que la fortune du donateur diminue, et quand il meurt, la donation qu'il a faite bien des années avant se trouve représenter plus que le quart dont légalement il peut disposer. Cette donation sera réduite jusqu'à ce qu'elle soit ramenée aux proportions légales.

Ou encore le donateur a disposé du tiers de sa fortune, à un moment où il n'avait que deux enfants. Il pouvait alors légalement disposer du tiers. Il lui survient un troisième enfant : il ne peut plus disposer que du quart. Voilà l'acte de donation qui ne vaut plus qu'à proportion du quart ; et même si le donataire est entré depuis des années en possession de ce qui lui a été donné, il faut qu'il subisse la réduction.

Ou encore un citoyen a fait don de sa fortune à un moment où, n'ayant ni ascendant ni enfant, il pouvait en disposer pleinement. Des enfants lui surviennent : la donation se trouve révoquée de droit ; le droit de propriété de la famille rétroagit sur les actes de l'individu jusques avant la création de la famille. Même si le donataire, ayant ainsi reçu de bonne foi des biens meubles ou immeubles, en a disposé, même s'il a vendu l'immeuble reçu par lui, même s'il s'est servi de ces biens pour reconnaître et garantir la dot de sa femme, même alors la donation est révoquée : tous les actes qui s'y rattachent tombent ; les tiers acquéreurs de l'immeuble sont obligés de le rapporter à la succession ; et la dot de la femme du donataire reste sans garantie. Tout cède, tout s'efface devant la puissance du droit familial, de la propriété familiale établie par la révolution au-dessus de la propriété individuelle, des volontés et des transactions individuelles, des droits individuels.

Il faut lire et méditer ces articles du Code civil pour voir avec quelle rigueur, avec quel dédain des situations acquises et des arrangements déjà anciens elle a protégé contre les individus une forme de propriété qui les dépasse. L'individu possédant, le père, est lié, surveillé, comme s'il était l'usurpateur de sa propriété. Il est presque suspect, et tout acte de donation par lequel il aliène ou croit aliéner une partie de son bien est d'une fragilité extrême, toujours exposé à être caduc. Toutes les conventions qui se rattachent à l'acte de volonté par lequel il a cru disposer d'une partie de ses biens sont sujettes, si loin qu'elles s'étendent, à la même caducité.

L'article 920 du code civil dit : « Les dispositions, soit entre vifs, soit à cause de mort, qui excéderont la quotité disponible, seront réductibles à cette quotité lors de l'ouverture de la succession. »

L'article 921 : « La réduction des dispositions entre vifs ne pourra être demandée que par ceux au profit desquels la loi fait la réserve, par leurs héritiers ou ayants cause. Les donataires, les légataires, ni les *créanciers du défunt* ne pourront demander cette réduction ni en profiter. »

Article 922 : « La réduction se détermine en formant une masse de tous les biens existants au décès du donateur ou testateur. On y réunit fictivement ceux dont il a été disposé par donations entre vifs, d'après leur état à l'époque des donations, *et leur valeur au temps du décès du donateur*. On calcule sur tous ces biens, après en avoir déduit les dettes, quelle est, eu égard à la qualité des héritiers qu'il laisse, la quotité dont il a pu disposer. »

Ainsi, même si ce qui a été donné il y a longtemps n'excédait pas, au moment où fut faite la donation, la quotité dont peut à sa mort disposer le donateur, mais si depuis la donation la valeur de ce qui a été donné, immeuble ou titre mobilier, s'est accrue, il faut qu'il y ait réduction : c'est sur la valeur qu'a le bien donné, non pas au moment de la donation, mais au moment de la mort, que se fait le calcul. Tout acte de donation est donc frappé d'une incertitude absolue.

L'article 929 dit : « Les immeubles à recouvrer par l'effet de la réduction le seront sans charge de dettes ou hypothèques créées par le donataire. »

je recommande l'article 930 à ceux qui ont la superstition de la propriété individuelle : « L'action en réduction ou revendication pourra être exercée par les héritiers *contre les tiers détenteurs des immeubles* faisant partie des donations et aliénés par les donataires, de la même manière et dans le même ordre que contre les donataires eux-mêmes. »

Et quelle puissance d'effets rétroactifs dans l'article 960 que voici :

« Toutes donations entre vifs faites par personnes qui n'avaient point d'enfants ou de descendants actuellement vivants dans le temps de la donation, de quelque valeur que ces donations puissent être, et à quelque titre qu'elles aient été faites, demeureront révoquées de plein droit par la survenance d'un enfant légitime du donateur, même d'un posthume, ou par la légitimation d'un enfant naturel par mariage subséquent, s'il est né depuis la donation. »

C'est la grande proclamation bourgeoise du droit de l'enfant, prélude de la magnifique proclamation communiste. Avant de naître, avant même d'être conçu, avant même que le mariage d'où il doit naître soit contracté, l'enfant a un droit préexistant et supérieur à tout autre. Il a droit sur la propriété de celui dont un jour il doit naître ; et tous les actes par lesquels, bien avant sa naissance, cette propriété a été donnée, tous ces actes sont nuls. La propriété individuelle est engagée d'avance envers des générations inconnues, et quand l'enfant survient, il brise, dans le passé, toutes les combinaisons de propriété contraires au droit souverain dont la société l'investit. Il brise la volonté même de celui qui n'était pas encore son père, et qui est réduit soudain au rôle étrange d'intendant désavoué d'une fortune dont le vrai propriétaire n'était pas même conçu.

Mais nous, ce n'est pas à l'enfant de la famille bourgeoise que nous reconnaissons un droit préexistant sur la propriété bourgeoise. Dans la grande et large pensée communiste et humaine, tout enfant, tout fils de l'homme a dès maintenant un droit préexistant sur l'ensemble des moyens de travail et de vie dont la communauté nationale peut disposer. Et le patrimoine social que nous voulons créer à la nation, la propriété commune que nous voulons lui constituer, est la garantie de ce droit préexistant de tout enfant de la race humaine, comme la propriété familiale, si jalousement défendue par la loi de la révolution bourgeoise contre les empiétements individuels, est la garantie du droit préexistant de l'enfant des classes possédantes.

*

* *

Et avec quelle minutie la loi prévient toute possibilité de fraude ! Le grand-père pourrait être tenté de favoriser un de ses petits-fils, ou un de ses neveux, aux dépens des autres. Et pour cela, il pourrait donner la portion de bien dont il dispose ou à un de ses enfants, ou à un de ses frères et soeurs, avec charge de transmettre de préférence cette portion de bien à tel ou tel de ses petits-fils ou de ses neveux.

La loi interdit ces dispositions de préférence. Il faut que la quotité disponible donnée par le grand-père à ses descendants immédiats soit ensuite répartie également entre tous les petits-fils.

Les articles 1048, 1049 et 1050 du code civil sont formels : « Les biens dont les père et mère ont la faculté de disposer pourront être par eux donnés, en tout ou en partie, à un ou plusieurs de leurs enfants, par actes entre vifs ou testamentaires, avec la charge de rendre ces biens aux enfants nés ou à naître, au premier degré seulement, desdits donataires. — Sera valable, en cas de mort sans enfant, la disposition que le défunt aura faite, par acte entre vifs ou testamentaire, au profit d'un ou plusieurs de ses frères ou soeurs, de tout ou partie des biens qui ne sont point réservés par la loi dans sa succession, avec la charge de rendre ces biens aux enfants nés ou à naître, au premier degré seulement, desdits frères ou sœurs donataires. — *Les dispositions permises par les deux articles précé-*

dents ne seront valables qu'autant que la charge de restitution sera au profit de tous les enfants nés ou à naître du grevé, sans exception d'âge ou de sexe. »

Voilà encore une bien curieuse combinaison de propriété, pour assurer contre toute mainmise individuelle et contre toute répartition de privilège la propriété familiale. Le père peut, d'après la loi, disposer d'un quart de sa fortune ou d'un tiers, selon le nombre de ses enfants. Cette quotité disponible, il peut, s'il craint la dissipation de ses enfants, la leur donner, mais à la condition qu'ils la transmettront intacte à leurs enfants à eux. Ainsi, cette quotité disponible traverse, sans s'y perdre, sans s'y dépenser, une première génération, pour parvenir entière à la seconde. Seulement, il faut que cette génération soit appelée tout entière au partage. Il faut que tous les petits-fils ou neveux soient assurés d'avoir part égale. La loi ne se charge de convoyer à destination et jusqu'à la deuxième génération la quotité disponible donnée par l'ascendant, qu'à la condition qu'elle sera remise, par portions égales, à tous les héritiers du même ordre, qu'il n'y aura ni préférence ni privilège. Ainsi, même la quotité disponible, soustraite à la première génération à la loi du partage égal, y retombe à la seconde. Le grand-père a le droit de penser à ses petits-fils ; il a le droit de leur faire parvenir, par l'intermédiaire de ses enfants, une portion de ses biens sur laquelle ses enfants n'auront aucune prise. Mais il n'a le droit de songer à ses petits-fils, nés ou à naître, qu'à la condition de penser également à tous, aînés ou cadets, filles ou garçons. à cette condition, la loi veille à ce que la quotité disponible parvienne aux petits-enfants. Elle oblige les parents grevés de cette charge à placer en valeurs solides, ou en immeubles, le bien qu'ils doivent transmettre.

Article 1062. « Le grevé de restitution sera tenu de faire procéder à la vente, par affiches et enchères, de tous les meubles et effets compris dans la disposition... » — Article 1065. « Il sera fait par le grevé, dans le délai de six mois à compter du jour de la clôture de l'inventaire, un emploi des deniers comptants, de ceux provenant du prix des meubles et effets qui auront été vendus et de ce qui aura été reçu des effets actifs. » — Article 1066. « Le grevé sera pareillement tenu de faire emploi des deniers provenant des effets actifs qui seront recouvrés et des remboursements de rentes. » — Article 1067. « Cet emploi sera fait conformément à ce qui aura été ordonné par l'auteur de la disposition, s'il a désigné la nature des effets dans lesquels l'emploi doit être fait ; sinon, il ne pourra l'être qu'en immeubles, ou avec privilège sur les immeubles. »

Ainsi, quand le grand-père, après avoir laissé, comme la loi l'y oblige, les trois quarts de son bien à ses enfants, veut faire parvenir à ses petits-enfants le quart dont il peut disposer, il remet ce quart en dépôt aux mains de ses enfants, et ceux-ci sont tenus de constituer ce dépôt en valeurs définies, résistantes et inaltérables. Ils peuvent percevoir les fruits ; mais ils ne peuvent toucher au fond. Et ce dépôt inaltérable, inaliénable, dès qu'il parviendra aux petits-enfants, sera également partagé entre eux. L'effort de la loi est immense et subtil pour préserver de toute atteinte individuelle la propriété familiale fondée et protégée par l'État.

*

* *

Où donc, dans toutes ces combinaisons, est cette faculté de disposer, qui est, selon le Code civil, l'essence même de la propriété ? à vrai dire, et à prendre les choses d'ensemble et de haut, la pleine propriété individuelle n'existe pas en France. Aucun individu n'y a le droit entier de disposer de son bien. Sous la discipline de la loi successorale, tout propriétaire est moins un propriétaire qu'un dépositaire. Il a en dépôt une propriété de classe, à forme familiale et à base capitaliste. C'est à la suite indéfinie des générations, dont l'état représente et défend le droit, ce n'est pas à l'individu lui-même qu'appartient ce qu'on appelle son bien.

La propriété capitaliste existe, car ces dépositaires peuvent se servir de la propriété familiale qu'ils ont en dépôt pour exploiter les hommes qui n'ont pas de propriété. Il y a donc propriété capitaliste, et propriété de classe. Mais, je le répète, c'est à peine si on peut dire qu'il y a propriété individuelle, puisque nul ne dispose librement de ce qu'il possède, et que l'État se substitue aux individus pour régler, sans eux ou même malgré eux, l'emploi de leurs biens.

Mais comment, par quelles raisons, par quels principes la révolution française a-t-elle justifié la prodigieuse atteinte portée par ses lois successorales à la propriété individuelle ?

LA RÉVOLUTION FRANÇAISE ET LE DROIT

SUCCESSORAL

M Sagnac écrit dans son livre vraiment magistral sur la *Législation civile de la révolution française :*

Après avoir fortifié le droit de propriété, les révolutionnaires l'affaiblissent. L'individu a bien le pouvoir d'user et d'abuser de ses biens ; mais c'est un droit essentiellement viager qui ne doit jamais nuire à la famille et à la société. au-dessus de l'individu sont des groupes naturel et artificiel, la famille et l'État, qui ne doivent point être sacrifiés, et dans l'intérêt desquels le législateur doit établir les règles de la transmission des biens.

Le Code civil, tel qu'il a été fixé sous le Consulat, ne nous donne qu'une bien faible idée des audaces de la Révolution en matière successorale. La Constituante, la Législative discutèrent le problème, et les vues les plus hardies furent émises par Mirabeau, Petion, Tronchet, mais elles n'aboutirent pas. C'est la Convention qui légiféra. Voilà pourquoi, dans l'*Histoire socialiste*, j'ai réservé àla Convention l'exposé minutieux et l'analyse critique de cette partie si importante de la pensée et de l'oeuvre révolutionnaires. Mais la Convention ne fit que formuler en lois les principes affirmés dans toutes les assemblées de la révolution. Ces lois, au point de vue de la transmission des biens, ne se bornaient pas à réduire le droit de la propriété individuelle : elles le supprimaient presque complètement.

Tandis qu'aujourd'hui le père peut disposer de la moitié de son bien s'il a un enfant, du tiers s'il en a deux, et du quart s'il en a trois, et qu'il peut en disposer au profit d'un de ses enfants, qui recevra ainsi une part plus grande que les autres, la Convention décrète, le 7 mars 1793, que « la faculté de disposer de ses biens, soit à cause de mort, soit entre vifs, soit par donation contractuelle en ligne directe, est abolie, et que, en conséquence, tous les descendants auront une portion égale sur les biens des ascendants ». Le père ne peut favoriser aucun de ses fils ; le grand-père ne peut favoriser aucun de ses petits-fils. Tous, ils recevront absolument, mathématiquement, part égale. C'est la suppression complète du droit de tester, du droit de disposer en ligne directe. à l'égard des fils ou des petits-fils, la volonté individuelle de l'ascendant ne compte pas : il n'est pas vraiment propriétaire ; il n'est que le gérant d'une propriété sur laquelle tous les descendants du même degré ont, par la loi de l'État, un droit égal et souverain. Et non seulement l'ascendant ne peut favoriser aucun de ses descendants, non seulement il ne peut accroître la part d'aucun d'eux en leur donnant la quotité disponible, mais cette quotité est réduite presque à rien. Ce n'est pas d'une moitié, ou d'un tiers, ou d'un quart de sa fortune que le père peut disposer. Les lois de la Convention de 1793 ne permettent à l'ascendant, s'il a des descendants, fils ou petits-fils, de disposer que *d'un dixième.*

Ainsi, l'homme qui a des descendants ne peut faire acte de volonté que sur un dixième de ses biens. Et encore, ce dixième, il ne peut en user avec une liberté entière, puisqu'il ne peut s'en servir pour accroître la part d'un de ses héritiers, enfants ou petits-enfants. Il ne peut le donner qu'à d'autres que ses héritiers. En aucun cas, cette faible quotité disponible du dixième ne peut servir à rompre l'égalité absolue, l'égalité mathématique, voulue par la loi entre les descendants, et à rétablir une sorte de droit d'aînesse ou de privilège au profit de l'un d'eux. Si le père veut disposer du dixième que lui laisse la loi, il faut qu'il le porte hors du cercle de ses héritiers, il faut qu'il le donne ou à des parents plus éloignés ou à des étrangers. Et ainsi la loi travaille doublement à la dispersion, au morcellement de la fortune du père : d'abord en instituant entre tous les enfants le partage rigoureusement égal des neuf dixièmes de la fortune, et puis en obligeant le père, s'il ne veut pas soumettre le dernier dixième à la loi du partage égal, à le porter hors de la famille immédiate.

En outre, tandis qu'aujourd'hui l'article 915 du Code civil permet au citoyen qui n'a pas de descendants de disposer de la moitié de son bien s'il laisse un ou plusieurs ascendants dans chacune des lignes paternelle et maternelle, et des trois quarts s'il ne laisse d'ascendants que dans une ligne, la loi de la Convention ne permet au citoyen, s'il laisse des ascendants, et quel qu'en soit le nombre, que de disposer *d'un sixième.*

*

* *

Vraiment, au point de vue du droit si important de disposer des biens par donation ou testament, la propriété individuelle, dans le droit révolutionnaire, n'existe plus.

Le comité de législation de la Convention voulait aller plus loin encore dans la voie du morcellement égal et obligatoire des fortunes, dans la substitution de la propriété familiale indéfinie à la propriété individuelle. Il songea à admettre simultanément tous les membres de la famille, les frères et les soeurs comme les enfants, au partage de la succession. Il ne s'y décida pourtant pas, malgré les instances de Durand-Maillane. Mais tel qu'il est, le Code civil de la Convention ruine à fond toute une partie essentielle des droits dont l'ensemble constitue la propriété individuelle. La faculté de disposer, qui est l'essence même de la propriété individuelle, n'est pas simple : elle peut s'exercer sous diverses formes et en diverses directions. La convention élimine une de ces formes, ferme une de ces directions ; et M Sagnac, résumant en ce point l'œuvre révolutionnaire, a pu écrire sans aucun parti pris de système :

La fortune appartient moins à l'individu qu'à la famille, c'est-à-dire à tous les parents, si éloignés qu'ils soient. L'individu n'a vraiment en toute propriété, avec droit absolu d'user, d'abuser, de disposer, que le sixième ou le dixième de son avoir, et encore ne peut-il faire servir cette portion disponible à détruire « la sainte égalité » entre les successeurs ; de sorte que s'il ne la laisse pas à ses héritiers, ce qui serait préférable, il la donnera nécessairement à d'autres personnes, ce qui divisera toujours les richesses.

Et ces lois si hardies, si fortes, qui démembraient le droit de propriété individuelle et lui substituaient une propriété familiale fondée sur la volonté del'État, la Convention décide, par un coup d'audace révolutionnaire incomparable, qu'elles auront un effet rétroactif jusqu'au 14 juillet 1789. Elle proclame que depuis le 14 juillet 1789 la nation est rentrée virtuellement en possession de tous ses droits, que tous les privilèges et abus du passé sont abolis de fait comme de droit depuis cette date, et que les inévitables délais pris par la révolution pour formuler en lois le droit nouveau ne sauraient être un prolongement de l'iniquité ancienne. Elle décrète en conséquence que toutes les successions ouvertes du mois de juillet 1789 au mois de novembre 1793 seront réglées par la loi nouvelle. Toutes les donations, tous les testaments par lesquels les citoyens auront disposé de plus du sixième ou du dixième de leurs biens, sont annulés ; toute inégalité de partage entre les enfants est rétroactivement abolie. Les aînés ou ceux qui ont reçu plus que leur part sont tenus de rapporter immédiatement à la masse, et un nouveau partage est fait, dans lequel les cadets, les déshérités, les moins favorisés reçoivent leur égale et juste part. Ainsi, toute la vie sociale depuis quatre ans est bouleversée et renouvelée jusqu'en son fond ; tous les rapports domestiques sont modifiés ; tous les rapports de propriété sont changés ; toutes les racines de la volonté individuelle sont arrachées, et c'est un droit social nouveau qui, sous la forme de la propriété familiale et de l'égalité forcée du partage, chasse, pour ainsi dire, le droit absolu de la propriété individuelle.

Nous opposera-t-on que ces dispositions si vigoureuses du droit révolutionnaire ont été affaiblies depuis et atténuées ? Oui, elles l'ont été par le consulat, sous l'influence de Bonaparte, qui voulait rétablir le despotisme paternel comme contrefort du despotisme impérial, et constituer de nouveau en monarchie la famille, dont la révolution avait fait, dans l'ordre de la propriété, une république égalitaire. Mais quelles que soient les retouches que le consulat a fait subir au droit de la Révolution, celui-ci subsiste encore, malgré tout, dans le Code civil. La réaction consulaire l'a affaibli : elle n'a pu l'abolir. Et aujourd'hui même, dans la matière des successions, la *propriété individuelle* ne fonctionne pas.

*

* *

La Révolution, tout en déclarant qu'elle n'entendait pas toucher *au droit sacré de* propriété, *se rendait bien compte que par ses* lois successorales elle le limitait et le démembrait. Et pour s'y autoriser, elle formulait une théorie toute sociale de la propriété. Si celle-ci est un prolongement de la personne humaine, si elle procède de l›individu, de quel droit enlever aux individus la faculté de disposer de leurs biens par donation ou testament ? De quel droit se substituer à eux pour l'emploi décisif de leur fortune, pour le choix de ceux qui en doivent continuer l'usage et développer les germes ?

La Révolution répond nettement, hardiment, par tous ses grands hommes, par Mirabeau comme par Robespierre, par ses grands économistes et ses grands juristes, par Dupont De Nemours comme par Tronchet, que la propriété est un fait social, qu'elle dérive de la société, qu'elle n'existe et ne peut exister que par la société ; que sans doute la société, dans son propre intérêt et dans celui de la liberté, a donné à ce fait social la forme individuelle ; mais que les individus, ne possédant qu'en vertu de la société, doivent, dans l'usage qu'ils font de leur propriété, être soumis aux lois, aux conditions que la société leur impose. La révolution ajoute que c'est déjà bien assez pour l'individu d'avoir, de son vivant et par des actes qui n'engagent pas le fond même de la propriété, administré librement le domaine particulier qu'il s'est constitué dans l'activité sociale. Il ne peut pas prétendre prolonger son droit, sa volonté au delà du tombeau, et *commander dans la mort.* c'est la société vivante, la société impérissable qui commande à sa place, et qui, tout le long même de sa vie d'individu, lui interdit les dispositions arbitraires dont l'effet s'étendrait au delà de sa vie.

Voilà le principe au nom duquel l'État intervient pour régler, à la place de l'individu, sans lui, ou même contre lui, la transmission de ses biens. J'ai à peine besoin de dire que ce n'est pas pour créer une propriété sociale, commune à tous les hommes, que la Révolution bourgeoise proclame le caractère social de la propriété : c'est seulement pour créer une propriété familiale, commune à tous les membres de la famille. Mais maintenant que l'heure est venue de créer au profit de tous les hommes, de tous les travailleurs, cette propriété commune, nous pouvons invoquer pour une œuvre plus vaste la définition sociale de la propriété à laquelle fut acculée la bourgeoisie révolutionnaire, qui ne pouvait combattre le droit d'aînesse, les substitutions, toute la survivance du droit féodal prolongé par la liberté de tester, qu'en limitant le droit des volontés individuelles et en subordonnant la propriété individuelle au droit social.

II

Par quelles raisons la Révolution, après avoir proclamé le droit de la société à régler la transmission des biens, usa-t-elle de ce droit pour soumettre toutes les successions à la loi du partage égal, pour lier aussi étroitement la volonté de l'ascendant ? Elle donna trois raisons, l'une de combat, mais d'éternel combat ; les deux autres, essentielles.

Elle déclara d'abord que dans les grands mouvements humains, dans les grandes crises révolutionnaires les pères étaient trop souvent attachés au passé ; qu'au contraire, les générations nouvelles comprenaient les temps nouveaux. Il était donc imprudent de laisser aux pères le droit de punir, en les déshéritant, ceux de leurs enfants qui soutenaient l'ordre nouveau et se dévouaient au progrès de l'humanité. Laisser aux pères l'entière disposition de leurs biens, c'était leur permettre de récompenser et de fortifier ceux de leurs enfants qui flatteraient leurs préjugés ; c'était accroître, par conséquent, la puissance pesante du passé, la prolonger sur la société nouvelle. Le seul moyen d'ouvrir la route à l'avenir, c'était d'assurer à tous les enfants, et à ceux-là mêmes dont la hardiesse inquiétait le conservatisme naturel des pères, uneégale part d'héritage, un égal moyen d'action. Bien mieux, nous l'avons vu, la révolution brise tous les actes successoraux qui depuis quatre ans ont pu violer l'égalité, et elle n'hésite pas, selon la parole d'un conventionnel passionné, « à poursuivre l'aristocratie jusque dans les tombeaux ».

Ainsi, c'est au nom du mouvement révolutionnaire, c'est au nom du mouvement humain et du progrès indéfini des sociétés que la révolution supprime, en tout ce qui peut lier l'avenir, le droit individuel de disposer, c'est-à-dire un des éléments essentiels de la propriété individuelle. La force révolutionnaire des choses proclame dès lors, par la convention, qu'une première et décisive restriction de la propriété individuelle est la condition même du progrès de l'humanité, du libre mouvement des sociétés et des esprits.

Mais la Révolution, pour instituer le partage égal forcé entre tous les enfants, entre tous les parents du même degré, invoque aussi *la nature*. la nature veut que tous les enfants soient traités également par le père. La nature veut qu'aucune préférence arbitraire, qu'aucun privilège légal ne rompe l'égalité des frères et sœurs, qui, vivant ensemble, ne peuvent pleinement s'aimer que sous une discipline égale. C'est exposer les enfants déshérités à une cruelle souffrance que d'établir brusquement une disproportion de fortune, une inégalité sociale entre eux et leurs frères plus favorisés, avec lesquels il semblait que tout dût leur être commun. Et quand cette souffrance vient aux enfants par la volonté du père, c'est un acte contre nature.

C'est donc au nom du droit de la nature que la révolution assure l'égalité dans le partage des biens entre les enfants. Mais qu'on y prenne garde, cette nature équitable et bonne qui intervient dans la vie sociale de chaque famille, ce n'est point en l'individu qu'elle réside, ce n'est point par l'individu qu'elle s'exprime. La loi ne laisse point à la sensibilité de chaque citoyen, aux affections naturelles du père le soin d'opérer entre tous les membres de la famille une répartition juste et bonne du bien familial. Il se peut que le père cède à des préférences injustes, à des caprices de tendresse, à des préventions aveugles, à l'orgueil de caste qui se plaît à concentrer sur une seule tête tous les rayons de la fortune familiale, ou encore à cette sorte d'avarice posthume qui aime à se survivre dans l'intégrité du patrimoine remis tout entier ou presque tout entier à un des enfants. Alors, dans le cœur du père, dans la conscience de l'individu, la nature est faussée ; et c'est la loi qui se fait la gardienne fidèle, l'interprète vraie de la nature. C'est la loi qui devient la nature même. C'est l'État qui est le grand cœur paternel, toujours sûr, toujours égal à lui-même, toujours animé, envers les membres d'une même famille, d'une même tendresse. C'est l'État qui substitue l'inflexible égalité de sa tendresse impartiale à l'affection souvent déréglée, partiale, égoïste, du père ou de la mère. C'est une haute et ferme sensibilité collective qui intervient pour prévenir tous les écarts des sensibilités individuelles, toutes les défaillances ou toutes les partialités des affections particulières.

Ainsi, les affections naturelles sont en quelque sorte transportées dans une autre sphère, dans la sphère de l'État. Ce n'est pas la socialisation de la propriété, puisque l'État n'en retire la disposition à l'individu que pour mieux l'assurer à la famille. Mais c'est la socialisation des devoirs de famille, des affections de famille, puisque l'État se substitue au père pour remplir envers les enfants, par le partage égal de la fortune, le devoir d'égale tendresse que peut-être le père, prévenu, orgueilleux ou étrangement avare, ne remplirait pas. Proclamer le droit de la nature et transférer à la société l'exercice de ce droit, c'est une des plus hardies transpositions de la nature humaine en droit social, de la sensibilité individuelle en sensibilité sociale, qui se puisse imaginer.

Mais, en vérité, c'est en des limites bien étroites que la société bourgeoise et la révolution bourgeoise enferment ce droit social et cette sensibilité sociale. Agrandissons la sphère de la sensibilité collective et du devoir collectif, à mesure que s'agrandissent les exigences de la nature humaine elle-même. Or, la nature n'exige pas seulement que les enfants d'une même famille soient traités avec une égale tendresse. Maintenant que la nation devient de plus en plus une réalité, maintenant que les rapports des hommes s'enchevêtrent, maintenant qu'une solidarité croissante relie toutes les portions du pays unifié, maintenant que l'égalité des droits politiques et un commencement d'universelle culture, en rapprochant par certains côtés la classe prolétarienne de la classe capitaliste et bourgeoise, font plus vivement et plus cruellement sentir aux prolétaires tout ce qui leur manque de garanties, de bien-être et de droits, comme les cadets de famille souffraient d'autant plus de l'inégalité familiale qu'ils étaient sans cesse heurtés à l'enfant privilégié par l'ironique familiarité de la vie commune, maintenant donc, le cri de la nature s'élargit, et ce n'est plus l'égalité familiale, c'est l'égalité sociale qu'elle réclame pour tous les enfants de la même nation, devenue une grande famille.

Il ne s'agit point, pour répondre à cet appel plus vaste de la nature, à ce cri plus large de l'humanité, de procéder entre tous les enfants de la nation à un égal partage des domaines et des fortunes, comme la révolution a procédé au partage égal de chaque fortune entre tous les enfants de la famille.

Non, à un droit nouveau correspondent des moyens nouveaux. L'État satisfera la nature humaine plus exigeante, il remplira son devoir social en assurant à tous les citoyens sans exception aucune le droit plein à la vie par le travail, c'est-à-dire le droit au travail et au produit intégral du travail. Or, l'État n'a pour cela qu'un moyen : c'est d'assurer à tout citoyen la copropriété des moyens de travail devenus propriété collective.

Ce n'est plus le droit d'aînesse d'un individu qu'il faut abolir dans l'intérieur de la famille, c'est le droit d'aînesse d'une classe qu'il faut abolir dans l'intérieur de la nation. Et de même que la nation révolutionnaire, il y a cent vingt ans, a aboli de la propriété individuelle tout ce qui s'opposait au droit des enfants d'une même famille, la nation révolutionnaire, sous l'inspiration grandissante du prolétariat, abolira de la propriété individuelle tout ce qui s'oppose au droit de tous les citoyens. De même encore que la Révolution, il y a cent vingt ans, pour assurer le droit des membres de la famille, a créé aux dépens de la propriété individuelle la propriété familiale, de même la révolution nouvelle, prolétarienne et humaine, pour assurer le droit des membres de la société, créera aux dépens de la propriété individuelle et bourgeoise la propriété sociale, la propriété commune.

*
* *

Enfin, si la Révolution a décrété le partage égal des biens, à l'intérieur de chaque famille, entre tous les descendants d'un même degré, si elle a appelé au partage le plus largement possible les descendants de divers degrés, c'est pour réaliser le plus possible l'égalité des fortunes ; c'est pour abaisser, par la division obligatoire, les grandes fortunes et les rapprocher des moyennes ; c'est pour abaisser le plus possible les fortunes moyennes et les rapprocher des petites.

La Convention espérait, en disséminant, en émiettant à chaque génération les fortunes acquises, prévenir la trop grande disproportion des biens. Elle espérait, par l'intermédiaire de l'égalité familiale, réaliser le plus haut degré possible d'égalité sociale. à vrai dire, elle ne pouvait imaginer un autre chemin. Le partage universel et égal de tous les biens entre tous les citoyens est un système absurde, barbare, paralysant et intenable. Et d'autre part, ni les esprits n'étaient préparés à la propriété commune des moyens de production, ni la technique de l'industrie, qui s'essayait à peine à la manufacture et qui était encore voisine du petit atelier, ne permettait de concevoir, par la production en grand, la production communiste, et comme condition de celle-ci, la propriété communiste. La Convention ne pouvait donc chercher l'égalité sociale que par un procédé indirect, par le morcellement égal et périodique de la propriété familiale entre les membres de la famille, par la restriction et la quasi-abolition du droit individuel de disposer.

La bourgeoisie révolutionnaire, dont la Convention fut l'expression la plus hardie, était aiguillonnée dans la voie du partage égal par deux raisons pressantes. D'abord, elle voulait en finir avec le régime féodal et nobiliaire. Elle voulait le déraciner si bien qu'aucun rejeton n'en pût rejaillir un jour comme par surprise. Elle voulait le poursuivre si bien en tous ses déguisements, métamorphoses, contrefaçons et succédanés, que jamais, sous une forme quelconque, plus moderne et bourgeoise, il ne pût reparaître. Or, si le père avait pu disposer librement de son bien, qui l'empêchait de constituer au profit de son fils aîné un véritable droit d'aînesse, qui fût comme le prolongement bourgeois du droit d'aînesse d'ancien régime ? Qui l'empêchait même, si sa volonté de testateur était souveraine, de préciser que le bien qu'il léguait à son fils aîné devait être par celui-ci légué à son propre fils aîné, et ainsi de suite pendant plusieurs générations ?

C'était ce qu'on nommait le droit de substitution, qui constituait une propriété intangible, dont la volonté du testateur, créant à travers le temps toute une série de privilégiés, déterminait d'avance, et pour plusieurs générations, la transmission héréditaire. C'était là un débris du régime féodal, un prolongement de l'esprit de caste, qui perpétuait sur la tête d'enfants et de petits-enfants privilégiés l'orgueil de la fortune et du nom. Ainsi, par un curieux paradoxe, ou plutôt par une naturelle conséquence, l'exercice souverainement libre de la volonté individuelle aboutissait à la restauration bourgeoise de la caste nobiliaire. La plénitude de la propriété individuelle, exerçant son droit au delà même du tombeau, reconstituait, au moins en partie, le régime féodal. Et il était impossible à la bourgeoisie révolutionnaire de prévenir la renaissance de celui-ci sans limiter, et presque supprimer, jusque dans la transmission des propriétésbourgeoises, la faculté de disposer, le droit individuel.

Cela éclate dans le bref et curieux rapport par lequel Laplaigne demande à la Convention, qui rendit immédiatement un décret dans ce sens, l'abolition et l'interdiction de toute substitution. (séance du 19 octobre 1792, tome 52 des*archives parlementaires*) Visiblement, Laplaigne ne peut combattre le régime des substitutions sans combattre en même temps toute faculté de partage inégal. Je ne puis citer ici que quelques lignes, mais bien caractéristiques :

Sous un régime vraiment républicain et dans un pays qui abhorre toute espèce d'aristocratie et de despotisme, dans une organisation sociale en un mot absolument fondée sur l' *égalité* — c'est Laplaigne qui a souligné le mot — l'usage de pareilles dispositions serait une monstruosité politique, *par là même qu'il perpétuerait, avec l'inégalité des partages dans les familles, l'aristocratie des propriétés*, et cumulerait pendant plusieurs générations sur des têtes privilégiées des fortunes capables d'alarmer la liberté publique. ... Toutes dispositions de ce genre, ayant pour objet principal d'*empêcher la division des héritages, si favorable, si nécessaire même à la liberté, et de perpétuer ainsi, de degré en degré, le despotisme des propriétés, et par conséquent des personnes,*doivent être enveloppées dans la même proscription.

Comme on voit, la Convention ne peut proscrire les substitutions, « reste impur des lois féodales », comme dit Laplaigne, qu'en proscrivant toute inégalité de partage ; elle ne peut se défendre contre le régime féodal qu'en supprimant, au point de vue de la transmission des biens, le droit de disposer, forme suprême du droit de propriété.

La Convention ne se borna pas à interdire les substitutions pour l'avenir. Elle supprima, sans indemnité, toutes celles dont les bénéficiaires désignés, nés ou à naître, n'étaient pas encore entrés en possession ; et ce sera un frappant exemple par lequel Lassalle, dans un des plus vigoureux chapitres de son livre sur les « Droits acquis », illustrera sa théorie révolutionnaire du droit.

La Convention était poussée en outre dans cette voie par les réclamations des prolétaires, qui commençaient à signifier à la révolution qu'ils n'entendaient pas être dupes. La Révolution répondait : « Pas de loi agraire ; pas d'anarchie ; pas de nivellement violent des fortunes ; mais nivellement graduel par le partage égal des biens des familles entre tous les parents d'un même degré. » Je pourrais multiplier les citations et les preuves.

Ce qui est advenu de cette promesse et de cette espérance, on le sait. Mais ce que je retiens, c'est que la Convention a cru, par l'égalité familiale, préparerl'égalité sociale : c'est donc qu'elle n'a pas craint de toucher, dans un intérêt d'égalité sociale, à une partie essentielle du droit de propriété individuelle. Et c'est au nom du droit de propriété, *c'est au nom de la propriété individuelle* que les contre-révolutionnaires, les défenseurs de l'ancien régime demandaient le maintien de la faculté de disposer et de l'inégalité des partages.

Quand les radicaux, pour s'opposer à la constitution de plus en plus étendue d'une propriété collective et sociale des moyens de production, capable d'assurer l'indépendance de tous les travailleurs et de résorber tout le privilège capitaliste, invoquent la *propriété individuelle*, ils reprennent, en des temps nouveaux et des questions nouvelles, la théorie des contre-révolutionnaires : ils refont le discours de Cazalès.

LA PROPRIÉTÉ INDIVIDUELLE ET LES LOIS BOURGEOISES D'EXPROPRIATION

I

La déclaration des droits de l'homme a proclamé que nul ne pouvait être privé de sa propriété que par une loi, et sous condition *d'une juste et préalable indemnité.* assurément, c'est une garantie donnée à la propriété. Il n'en est pas moins vrai que la société bourgeoise est obligée de prévoir, dans la charte même de ses droits, l'expropriation légale pour cause d'utilité publique. Le fond de la propriété n'est pas atteint par là, puisque l'individu exproprié reçoit l'équivalent de ce que la société lui enlève. Mais la société se reconnaît le droit de changer, aux mains de l'individu, *la forme* de sa propriété. Il avait un champ, une maison, un jardin, une fabrique : la loi lui enlève son champ, sa maison, son jardin, sa fabrique, et elle lui remet une valeur d'un tout autre ordre, une somme d'argent ou un titre de rente. En vain le propriétaire protestera-t-il qu'il tient à la forme particulière de sa propriété plus qu'à la valeur même de cette propriété. La loi, dans l'intérêt de la société, l'exproprie de ses habitudes ; elle fait violence à sa volonté. Et ici encore, dans le *code bourgeois lui-même*, et dans l'intérêt de la société bourgeoise, le droit social limite ou refoule le droit absolu de la propriété individuelle.

J'entends bien que la loi bourgeoise d'expropriation ne sort point de la sphère de la propriété individuelle. C'est l'individu qui continue à posséder. Seulement, ce qu'il possédait sous une forme, il le possède maintenant sous une autre. De là à l'expropriation socialiste, qui changera le système de la propriété, qui fera passer la propriété des moyens de production des individus à la communauté nationale, il y a un abîme. Et cet abîme, seul le mouvement de classe du prolétariat organisé peut le franchir. J'ai le droit de retenir cependant que dès aujourd'hui et dans la loi bourgeoise même, la forme de la propriété individuelle est à la merci de la puissance sociale. Et c'est un fait juridique dont les conséquences sociales peuvent être grandes.

Tout de suite, cet article de la Déclaration des Droits de l'homme fut invoqué par les révolutionnaires mêmes pour limiter le droit de propriété. Dès la fin de 1792, quand la cherté des grains et du pain souleva le peuple en bien des régions, quand les démocrates les plus ardents proposèrent à la Convention de fixer par la loi le prix des denrées, la Convention fut d'abord prise de scrupule. La majorité disait qu'après avoir réglé par la loi le prix des grains, il faudrait régler aussi le prix de tous les produits de la terre ; mais fixer ainsi par la loi le prix des produits du sol, n'est-ce point attenter au droit de propriété ? Si le propriétaire ne peut plus vendre ses denrées au prix déterminé par le seul jeu de l'offre et de la demande, s'il ne peut les aliéner qu'à un prix fixé par la société elle-même, c'est la société qui devient vraiment propriétaire des produits du sol : elle en dispose, aux lieu et place du propriétaire individuel, et celui-ci perd cette *faculté de disposer* qui caractérise la propriété individuelle. Ainsi, la Convention, à ses débuts, répugnait, par respect pour la propriété, à entrer dans le système de la taxation des grains, qui devait la conduire bientôt à l'établissement du *maximum*pour toutes les denrées.

Mais que répondaient les plus ardents révolutionnaires ? — Oui, en fixant le prix des denrées, l'État se substitue, dans la propriété de ces denrées, au propriétaire individuel ; mais il l'indemnise par le prix même qu'il a fixé, et puisque la loi permet l'expropriation du fonds moyennant indemnité, pourquoi ne permettrait-elle pas de même l'expropriation des produits du fonds ? Beffroy, dans la séance du 8 décembre 1792, donna à l'argument une forme saisissante : « Nous nous plaignons, nous, de ce qu'on regarde la propriété des grains comme plus sacrée que les autres. *en effet, l'État a-t-il besoin de ma maison, de mon jardin, de mon champ, il s'en empare.* eh ! Puis-je jamais être indemnisé de mes habitudes, des aisances de mon domicile, des bizarreries mêmes de sa distribution ? Puis-je jamais être indemnisé de l'appropriement de mon jardin à mes goûts, à mon caractère, à ma fortune ? *et s'il est vrai que la société ne viole pas la propriété en s'emparant légalement de la matière qui produit parce qu'elle en paie la valeur, n'en sera-t-il pas de même de la production ?* »

Ainsi, par une extension soudaine du droit d'expropriation pour cause d'utilité publique, voilà l'État qui se substitue aux individus dans la disposition de tous les produits du sol. C'est en application de l'article de la Déclaration des Droits de l'homme qui prévoit l'expropriation légale avec indemnité, que la Convention décrétera enfin, *par le maximum*, la mainmise légale de la société sur tous les produits de la terre et de l'industrie. Du coup, nous sommes avertis, par les révolutionnaires bourgeois eux-mêmes, des grandes conséquences qui peuvent sortir de ce principe, des vastes expropriations légales qui peuvent sortir de ce germe d'expropriation.

*

* *

La propriété individuelle résistait ; les habitudes, violentées par la loi d'expropriation, luttaient et rusaient. La clause de la Déclaration des Droits qui exigeait que l'indemnité fût *préalable* favorisait cette résistance des propriétaires. Ils chicanaient sur le chiffre de l'indemnité ; ils suscitaient procès sur procès, et à force d'artifices de procédure, ils parvenaient souvent à lasser l'État.

Mais voici qu'en 1831, une première brèche est ouverte au principe de l'indemnité préalable. La Révolution de Juillet put craindre un moment un assaut général de l'Europe contre-révolutionnaire. Il fallait créer à la hâte des moyens de défense, dresser sans délai des fortifications. Que fût-il advenu si les propriétaires, par des ruses d'avoué, avaient retardé les expropriations nécessaires ? La loi de 1831 décide que pour les travaux intéressant la défense nationale, l'État n'attendra pas que les conflits soulevés par les propriétaires sur le montant de l'indemnité soient réglés. Il pourra proclamer l'urgence et prendre possession des terrains dont il aura besoin ; l'indemnité sera réglée plus tard ; elle aura donc cessé d'être *préalable.*

Ainsi le propriétaire individuel se trouve d'emblée en face du fait acquis ; il est exproprié de son bien avant de savoir quel chiffre d'indemnité lui sera consenti. Défense nationale, c'est entendu ; et sans doute, cette grande excuse était nécessaire pour violer une garantie essentielle donnée à la propriété par la Déclaration des Droits de l'homme et inscrite à nouveau dans la Charte de 1830. Mais par la brèche ouverte au nom de la patrie, les grandes compagnies capitalistes vont passer.

Il y eut sous Louis-Philippe un grand essor des travaux publics. La bourgeoisie financière, industrielle et censitaire, multiplie les canaux ; elle entreprend, à grand renfort de primes d'État, de subventions et de garanties d'intérêt, la construction des voies ferrées. Mais quoi ! Tous ces canaux projetés, toutes ces voies ferrées qui vont sillonner le territoire vont bouleverser les propriétés individuelles ! Que de jardins emportés ou troués ! Que de domiciles abattus ! Que de domaines, petits ou grands, traversés et coupés en deux ! Et si les propriétaires résistent, s'ils épuisent à propos du chiffre de l'indemnité tous les délais de procédure, que de temps perdu ! Les lignes de chemins de fer concédées ne pourront entrer en construction que dix ans douze ans après leur concession ; il suffira de l'obstination de quelques possédants, sur le trajetprojeté, pour tout traîner en longueur, pour user les capitaux dans une attente improductive, ou pour obliger la ligne à des détours absurdes et ruineux.

La grande bourgeoisie capitaliste de Louis-Philippe ne l'entend pas ainsi. Et en mai 1841, elle obtient une loi d'expropriation qui met à sa merci les propriétés individuelles. Non seulement la loi prévoit que les canaux et les voies ferrées doivent bénéficier du droit d'expropriation pour cause d'utilité publique, mais elle décide que quand il y a urgence, les compagnies capitalistes pourront prendre possession des terrains non bâtis avant le règlement définitif de l'indemnité. Que le propriétaire paysan maugrée, s'emporte et plaide. Son champ sera saisi, et la voie triomphale tracée par les grandes compagnies y appesantira ses nervures de métal avant que le conflit relatif à l'indemnité soit résolu.

Proudhon, avec une sorte d'ironie exaltée et victorieuse, notait à propos de cette loi de 1841 les contradictions de la propriété bourgeoise, obligée ainsi, pour son propre développement, de se nier elle-même. En vain, au parlement même, des protestations s'élevaient et les inquiétudes se manifestaient. En vain Villemain et bien d'autres s'écriaient-ils que la charte, gardienne de la propriété, était violée, que la propriété même était menacée. Les exigences combinées de la civilisation et du capitalisme emportaient tout.

Oh ! Je sais bien qu'ici encore nous ne sommes pas sortis du système de la propriété individuelle. La valeur de la propriété subsiste aux mains des individus ; la forme seule en est changée. Mais quand ce changement de forme se produit dans de telles proportions, quand pour les travaux des communes, de l'État, des départements, des grandes compagnies concessionnaires, l'expropriation pour cause d'utilité publique fonctionne ; quand des millions de propriétaires sont obligés d'abandonner leur propriété à la puissance sociale, même contre indemnité ; quand tous les liens d'habitude et d'affection par lesquels la propriété tient au cœur de l'homme sont brisés ; quand le capitalisme lui-même, ne tenant compte ni des convenances, ni des souvenirs, ni même des intérêts, substitue une valeur abstraite et indifférente à la propriété réelle, substantielle, particulière, qui souvent faisait corps avec l'individu, j'ai le droit de dire que la société bourgeoise elle-même a créé, sous sa légalité propre, des précédents formidables d'expropriation.

II

Que fera la Révolution sociale déjà commencée ? Que fera la Révolution communiste, quand elle sera au terme de son développement ? Sans doute elle créera un système tout nouveau de propriété : elle substituera la propriété commune des moyens de production à la propriété capitaliste et bourgeoise. Mais, *au regard des individus expropriés*, il se peut très bien qu'il y ait simple changement de forme de propriété. Je ne veux pas aujourd'hui toucher après Marx, après Liebknecht, après Vandervelde, à la question de l'indemnité ; mais rien n'empêche de concevoir que les détenteurs actuels de la propriété reçoivent, par exemple, pendant une certaine période, une assignation sur les produits de la production collectiviste. Ce serait l'indemnité socialiste, l'indemnité révolutionnaire.

Quelle objection juridique pourrait opposer la société bourgeoise après les précédents légaux qu'elle-même a créés ? La notion de *l'utilité publique*, introduite dans le code bourgeois pour limiter le droit absolu de la propriété individuelle, va se transformant et s'élargissant à mesure que se transforme la société elle-même. Les révolutionnaires bourgeois de la Constituante se seraient révoltés, en 1789, si on leur avait dit que l'article inséré par eux dans la Déclaration des Droits serait invoqué trois ans plus tard par les révolutionnaires bourgeois de la Convention pour justifier l'établissement du *maximum*, la taxation universelle des denrées, c'est-à-dire l'expropriation universelle de l'échange, cette part essentielle de la propriété individuelle. Et les conventionnels à leur tour se seraient indignés, si on leur avait annoncé que cinquante ans plus tard, sous le règne de la bourgeoisie censitaire, le droit social d'expropriation s'exercerait au profit des grandes compagnies capitalistes, qui seraient même dispensées du payement préalable de l'indemnité. Et pourtant la force des choses l'a voulu ainsi. Elle a transformé, étendu, assoupli le concept d'*utilité publique*, règle et mesure du droit d'expropriation.

Maintenant n'avons-nous pas le droit de dire que l'utilité publique exige l'expropriation générale de la classe capitaliste au profit de la communauté organisée ? Oui, il est d'utilité publique que le prolétariat soit appelé à la pleine indépendance et à la grande vie de la coopération sociale. Il est d'utilité publique que la contradiction entre la souveraineté politique du citoyen et la sujétion économique du salarié prenne fin. Il est d'utilité et même de nécessité publique que la lutte des classes, qui est aujourd'hui la condition même du progrès, mais qui est pour l'humanité une tristesse et une honte, ait un terme ; et elle ne peut finir que par la disparition même des classes, par la transformation de la propriété de classe en propriété commune et humaine. C'est donc l'expropriation générale de la classe capitaliste au profit de la communauté qui est aujourd'hui d'utilité publique, et par la force des événements, le code bourgeois lui-même prend un sens révolutionnaire. C'est en invoquant l'article du code bourgeois que les juristes de la révolution sociale pourront ménager le passage de la légalité bourgeoise à la légalité communiste.

*
* *

Le grand ministre anglais, M Gladstone, étant chef du gouvernement, avait proposé un vaste plan d'expropriation, qui participait à la fois de l'expropriation légale et de l'expropriation révolutionnaire. C'est, je crois, le projet le plus audacieux qui ait été conçu par un gouvernement depuis que la révolution française a saisi tout le domaine d'église et quatre milliards de biens des émigrés. M Gladstone se proposait d'exproprier tous les landlords, tous les grands propriétaires anglais qui détiennent la plus large part de la terre d'Irlande. Ayant tenté inutilement, ou par la répression, ou par les palliatifs, de ramener en Irlande la paix sociale, ayant tenté vainement de protéger les fermiers irlandais sans indisposer les propriétaires anglais, M Gladstone était arrivé à cette conviction que l'ordre social ne serait assuré en Irlande que si la terre irlandaise appartenait aux Irlandais. Il ne voulait pas, et il ne pouvait pas, déposséder purement et simplement les landlords. Il imagina donc de racheter, au moyen du budget anglais, tous les domaines irlandais des landlords, et de les remettre en propriété à l'Irlande elle-même. C'est l'Irlande, comme état relativement autonome, qui eût géré ce domaine, qui l'eût ou affermé, ou vendu par parcelles au peuple irlandais.

Mais qui porterait les frais de l'opération ? Il ne fallait pas songer à les faire porter à l'Angleterre ; jamais le contribuable anglais n'aurait consenti à payer aux landlords, pour le compte des Irlandais et à leur profit, la terre d'Irlande. Et d'autre part, si l'Irlande était tenue de dédommager l'Angleterre, elle était obligée d'imposer à ses fermiers de très lourds fermages, et la misère continuait à accabler le peuple irlandais. M Gladstone imagina une combinaison hardie, qui consistait à indemniser les landlords en capital, et non pas en revenu. Il calcula, ou il prétendit, que les domaines irlandais rapportaient aux landlords cinq pour cent. Ainsi, pour avoir la valeur en capital d'un domaine, il fallait multiplier par vingt le revenu de ce domaine. Un domaine qui était affermé par le landlord cinq mille francs — pour compter en monnaie française — était donc supposé avoir une valeur de cent mille francs. M Gladstone, en expropriant les landlords, décidait de leur donner non pas l'équivalent du revenu perçu par eux, mais l'équivalent du capital possédé par eux. Il leur donnait donc, dans l'exemple que j'ai pris plus haut, non pas un revenu de cinq mille francs, mais un capital de cent mille francs. Et ce capital de cent mille francs, il le leur donnait en consolidés anglais, en titres de rente anglais. Or, en Angleterre, un capital de cent mille francs placé en rente ne rapporte que deux et demi pour cent. Ainsi, à un landlord qui possédait un capital terrien de cent mille francs, rapportant cinq mille francs, M Gladstone remettait, sous forme de valeurs d'état, un capital égal de cent mille francs, mais qui ne rapportait que deux mille cinq cents francs. Du coup, l'Irlande, pour dédommager l'Angleterre, n'avait besoin de lui servir, en ce qui concerne ce domaine, qu'une somme annuelle de deux mille cinq cents francs. Elle pouvait donc demander au fermier non plus les cinq mille francs de fermage qu'exigeait le landlord, mais seulement la moitié de ce fermage, deux mille cinq cents francs. Le fermier irlandais était donc libéré de la moitié de son fardeau. Le contribuable anglais n'était pas grevé d'un centime. Et quant au landlord, légalement exproprié, n'avait-il pas reçu *en capital* l'équivalent de sa propriété ? M Gladstone faisait profiter le peuple irlandais de la différence entre le taux de capitalisation des revenus fonciers en Irlande, et le taux de capitalisation des revenus mobiliers en Angleterre. Il diminuait de moitié le revenu des landlords par la simple substitution d'une forme de propriété à une forme de propriété, de la forme mobilière à la forme foncière.

C'est l'extrême limite du droit bourgeois, une combinaison intermédiaire entre l'expropriation légale avec indemnité et l'expropriation sans indemnité. Et c'est un exemple saisissant des effets de dépossession réelle que peut produire le simple changement dans la forme de la propriété. Il y a donc dans le droit bourgeois d'expropriation une vertu révolutionnaire latente, que les événements dégageront peu à peu, et qui se formulera en droit communiste et prolétarien.

*
* *

Déjà, bien des projets de réforme sont débattus qui supposent une interprétation toute nouvelle, une orientation toute socialiste du droit bourgeois d'expropriation. Par exemple, pour indiquer dès aujourd'hui un point très important, quand on lit le programme municipal élaboré par les *progressistes* du conseil de comté de Londres, quand on lit les résolutions relatives à la question des logements privés prises en Allemagne par le parti socialiste et par quelques groupes de réformateurs sociaux bourgeois, on constate une tendance croissante à donner aux communes le droit et le mandat de bâtir des habitations saines et à bon marché. Les communes sont invitées à acheter le plus possible le sol encore libre, les terrains de banlieue, afin que la spéculation ne fasse pas monter le prix de ces terrains et ne grève pas le loyer des immeubles qui y seront construits. Mais ce rôle de constructeur, les communes ne peuvent le remplir pour le plus grand bien de la classe ouvrière qu'en expropriant par la loi terrains et immeubles. Ainsi s'annonce une prochaine extension socialiste, une prochaine interprétation communiste du droit d'expropriation pour cause d'utilité publique inscrit dans la loi bourgeoise.

LA PROPRIÉTÉ INDIVIDUELLE ET LES SOCIÉTÉS DE COMMERCE

L'immense mouvement économique et social qui substitue à la propriété industrielle personnelle la propriété anonyme et les sociétés par actions a son expression juridique dans le titre du code relatif aux sociétés. De la forme toute personnelle de la propriété à sa forme anonyme, la distance est immense : des caractères tout nouveaux apparaissent avec celle-ci.

Quand l'homme possède personnellement un domaine foncier, ou quand il possède et dirige personnellement une industrie, il y a un rapport étroit, un lien serré entre le propriétaire et sa propriété. S'il s'agit de la terre et si le possédant la cultive lui-même, on peut presque dire physiquement que le propriétaire fait corps avec sa propriété. Il y a entre le paysan propriétaire et la terre qu'il travaille échange de substance et de force. Le blé germé de l'effort paysan nourrit la force paysanne. L'homme fait la terre et la terre fait l'homme. Même quand le propriétaire du domaine ne le cultive pas lui-même, il est rare qu'il n'y soit pas attaché par des fibres profondes : ce domaine qui pour l'indifférent ressemble sans doute à tous les domaines a pour celui qui dès longtemps le possède une physionomie particulière et un langage secret. C'est là qu'il a joué, grandi, rêvé, aimé ; et ses souvenirs ont pris la forme de cet horizon.

Entre le propriétaire industriel ou marchand et sa propriété le rapport semble moins matériel, moins étroit. Les machines, les usines, toujours en trépidation et en transformation, ne prennent pas le cœur par l'action lente et pénétrante de la terre. Et pourtant, quand un industriel est vraiment chef d'industrie, quand un négociant est vraiment chef de négoce, quand ils veillent eux-mêmes au fonctionnement de ce mécanisme compliqué et souvent terrible où leur fortune, leur vie, leur *honneur* même sont engagés, le capital industriel ou commercial qu'ils mettent en œuvre est pénétré de leur pensée et de leur effort ; il porte la marque de leur personne. Ainsi, sous cette forme encore, il y a un rapport étroit entre le propriétaire individuel et l'objet de sa propriété. Il est clair que le rapport se relâche à mesure que cette propriété s'étend ; et il vient un point de croissance de la grande industrie où elle dépasse les facultés d'action et de contrôle du possédant ; il est obligé de constituer une sorte d'administration industrielle par l'intermédiaire de laquelle il gère de haut son capital. Mais enfin, le contact entre le possédant et sa propriété n'est pas entièrement aboli, et dans la propriété paysanne, dans la petite et moyenne propriété industrielle et marchande, il y a plus que contact, il y a union étroite du propriétaire individuel et de la propriété.

*

* *

Cette union est souvent difficile à rompre. Sans doute, le propriétaire individuel peut vendre. Le propriétaire foncier peut céder son domaine. Le propriétaire industriel ou marchand peut céder son industrie ou son négoce. Mais cette vente n'est pas toujours aisée, et il s'écoule souvent bien des années avant qu'elle soit possible. Comme le domaine représente une unité qu'on ne peut pas toujours décomposer, comme un organisme industriel ou commercial ne peut se démembrer, il faut trouver un preneur qui achète en bloc ; il faut que le vendeur trouve une autre personne qui se substitue pleinement et exactement à lui. Et c'est souvent bien malaisé. De là une grande lenteur des transactions immobilières et foncières. De là, pour les industries et les commerces qui n'ont pas pris encore la forme de la société par actions, la difficulté de vendre ou de réaliser. Le propriétaire est ainsi lié à sa propriété, assujetti à elle : il ne peut pas se dégager à son gré et à son heure du mécanisme de propriété qu'il a mis en mouvement ; il ne peut pas rappeler, retirer son énergie de l'emploi que d'abord il lui a donnée. Il est, en quelque mesure, l'homme de telle et telle propriété ; il est la propriété de sa propriété. Il adhère à sa coquille de propriété.

Mais si, malgré la faculté d'échange et de vente qui pour lui reste souvent théorique, le propriétaire personnel est lié à sa propriété, en revanche, il la dirige par sa volonté seule. Dans le mode de culture que le propriétaire adopte pour son domaine, dans la direction que le petit et moyen industriel, le petit et moyen commerçant donnent à leurs affaires, ils n'ont à consulter qu'eux-mêmes et les nécessités économiques. Ils ne sont pas liés par le vote d'une majorité d'actionnaires : c'est leur volonté personnelle qui décide ; c'est leur action personnelle qui s'exerce.

Enfin, et c'est le dernier trait de la propriété vraiment personnelle, la responsabilité civile et commerciale de l'individu possédant est engagée toujours toute entière. L'homme qui a un domaine foncier ne peut pas diviser ses responsabilités. Il ne peut pas dire : « Voici des dépenses que je fais pour ma vigne. Voici un emprunt que je contracte pour la replanter, pour la greffer. Si je ne réussis pas, c'est ma vigne seule qui répondra de ma dette : je réserve l'intégrité de mes champs, de mes prés, de mes bois. » Non : il ne peut pas dire cela. C'est tout son bien qui répond de sa dette. De même l'industriel, le commerçant ne peuvent pas tracer dans leur fortune des divisions, des barrières. Ils peuvent hypothéquer au profit de tel créancier tel immeuble ; mais tant qu'il reste des créances, c'est toute leur fortune qui en répond.

En cas de faillite, l'industriel, le commerçant ne peuvent pas dire : « C'est pour mon industrie, pour mon commerce que j'ai contracté les obligations auxquelles je ne puis suffire : que l'on prenne tout mon capital industriel et commercial, mes fabriques, mes machines, mes matières premières : j'ai des valeurs sur les mines d'or du Transvaal qui n'ont aucun rapport avec les opérations pour lesquelles j'ai encouru la faillite. Je réserve mes domaines fonciers et mes valeurs sud-africaines. » Non, le commerçant et l'industriel ne peuvent pas dire cela. En cas de faillite, ce n'est pas le bilan spécial de leur entreprise, c'est le bilan général de leur fortune qu'ils devront déposer. L'article 439 du code de commerce dit : « La déclaration du failli devra être accompagnée du dépôt du bilan ... *Le bilan contiendra l'énumération et l'évaluation de tous les biens mobiliers et immobiliers du débiteur,* l'état des dettes actives et passives, le tableau des profits et pertes, le tableau des dépenses. » et l'article 443 dit : « Le jugement déclaratif de la faillite emporte de plein droit, à partir de sa date,*dessaisissement pour le failli de l'administration de tous ses biens, même de ceux* qui peuvent lui échoir tant qu'il est en état de faillite. »

Ainsi c'est sur tout son bien, c'est sur ses meubles et immeubles, c'est sur ses vêtements, sur ses livres, sur ses bibelots, comme sur ses terres et ses usines ou magasins que l'industriel ou le commerçant répond de sa dette. Sa fortune n'est pas comme un navire aux cloisons étanches : il n'en peut exposer une partie en sauvegardant le reste. Tout entière elle est engagée ; tout entière elle peut sombrer. Tant que la propriété reste vraiment et pleinement personnelle, tant qu'elle ne se transforme point par le contrat de société, tant qu'elle ne se dépersonnalise pas par la société anonyme, c'est l'individu tout entier qui est en cause. Naguère encore et avant l'abolition de la contrainte par corps, il devait répondre lui-même, sur sa personne physique, de toute sa dette. La propriété et le propriétaire faisaient si bien corps que la faillite de la propriété entraînait la faillite de la liberté, et que l'individu était sous les verroux en même temps que son bien était sous les scellés.

*

* *

Voilà donc, avant l'extension du régime des sociétés et de l'anonymat, les caractères essentiels de la propriété personnelle : 1° il y a un lien étroit entre le propriétaire et sa propriété ; 2° ce lien est si fort que, malgré la faculté légale et théorique de la vente et de l'échange, la propriété est souvent immobilisée aux mains du propriétaire ; 3° c'est sous la discipline de la volonté individuelle et isolée du propriétaire qu'est la propriété ; 4° c'est toute la propriété de l'individu, c'est son individualité économique toute entière qui répondent de ses engagements.

Or, avec le contrat de société, voici que ces caractères s'affaiblissent ; et avec le contrat de société anonyme voici que tous ces caractères sont abolis.

Le contrat de société a plusieurs formes : et c'est par des degrés que nous allons passer de la propriété personnelle à la propriété anonyme.

L'article 19 du code de commerce dit :

« la loi reconnaît trois espèces de sociétés commerciales :

« la société en nom collectif ;

« la société en commandite ;

« la société anonyme. «

Voici la définition donnée par le code de la société en nom collectif :

Article 20. « La société *en nom collectif* est celle que contractent deux personnes ou un plus grand nombre, et qui a pour objet de faire le commerce sous une raison sociale. »

Ici, nous sommes encore le plus près possible de la propriété personnelle. Presque tous les caractères que j'ai relevés subsistent. D'abord il y a un lien étroit entre ces personnes et leur propriété : ce sont les personnes associées qui s'occupent elles-mêmes de la mise en œuvre de leur capital. Et il leur serait aussi malaisé de vendre qu'il l'eût été à un seul propriétaire. Enfin la responsabilité individuelle de chacun des assurés reste illimitée. Ils seront tenus des engagements de la société non seulement sur l'avoir de la société même, mais sur toute l'étendue de leur fortune personnelle.

Article 22. « Les associés en nom collectif indiqués dans l'acte de société sont solidaires pour tous les engagements de la société, encore qu'un seul des associés ait signé, pourvu que ce soit sous la raison sociale. »

Il n'y a donc ici qu'un fait nouveau, le fait même de l'association qui lie la volonté de chaque associé à la volonté des autres et qui crée entre eux une responsabilité solidaire, et la société en nom collectif ne supprime pas le caractère personnel de la propriété : elle lui donne seulement la forme de l'association.

Avec la société en commandite, nous faisons un pas de plus. L'article 23 la définit ainsi : « La *société en commandite* se contracte entre un ou plusieurs associés responsables et solidaires, et un ou plusieurs associés simples bailleurs de fonds, que l'on nomme *commanditaires* ou *associés en commandite.* elle est régie sous un nom social, qui doit être nécessairement celui d'un ou plusieurs des associés responsables et solidaires. »

Ainsi, tandis que dans la société en nom collectif tous les associés sont égaux et sur le même plan, ici il y a deux catégories d'associés. Les uns sont dirigeants et solidairement responsables. Ce sont eux qui donnent leur nom à l'entreprise et qui ont seuls qualité pour le donner. Ce sont eux qui sont responsables, sur tous leurs biens, et solidairement, des engagements de la société. Mais, à côté d'eux, il y a des associés d'un autre ordre, les commanditaires. Ils ne dirigent pas ; ils ne gèrent pas ; ils sont, comme dit la loi, de simples bailleurs de fonds. Ils ne sont pas des actionnaires, puisque les actionnaires choisissent les administrateurs de l'entreprise, tandis que, dans la société en commandite, c'est par l'acte même de société que sont constitués les chefs responsables de la société. Mais le commanditaire prépare et annonce l'actionnaire par deux traits : le défaut de gestion personnelle et la limitation des responsabilités pécuniaires.

Évidemment, les commanditaires, étant bailleurs de fonds, ont, ou peuvent avoir un rôle important dans l'entreprise ; ils en surveillent de près — et de plus près que l'actionnaire — le fonctionnement. Mais la loi définit strictement leur rôle légal et leur responsabilité légale.

Article 25. « Le nom d'un associé commanditaire ne peut faire partie de la raison sociale. »

article 26. « *L'associé commanditaire n'est passible des pertes que jusqu'à concurrence des fonds qu'il a mis ou dû mettre dans la* société. »

Article 27. « *L'associé commanditaire ne peut faire aucun acte de gestion, même en vertu de procuration.* »

Article 28. « En cas de contravention à la prohibition mentionnée dans l'article précédent, l'associé commanditaire est obligé, solidairement avec les associés en nom collectif, pour les dettes et engagements de la société qui dérivent des actes de gestion qu'il a faits, et il peut, suivant le nombre ou la gravité de ces actes, être déclaré solidairement obligé pour tous les engagements de la société ou pour quelques-uns seulement. — Les avis et conseils, les actes de contrôle et de surveillance n'engagent point l'associé commanditaire. »

Comme ici les caractères antérieurs de la propriété personnelle vont s'atténuant ! Comme le lien entre le propriétaire et la propriété se relâche ! L'associé commanditaire ne peut à aucun degré intervenir dans la gestion de l'entreprise où il a engagé une partie de sa fortune. S'il va au delà du contrôle ou du simple conseil, il est tenu pour solidairement responsable et déchu de son immunité. Mais s'il reste dans ce rôle discret, effacé et un peu lointain, de simple conseiller, la responsabilité pécuniaire est limitée à la somme qu'il a engagée par la commandite. S'il n'y a versé que cent mille francs et quand bien même le passif de l'entreprise s'élèverait à plus d'un million, il n'est tenu envers les créanciers que jusqu'à concurrence de ces cent mille francs : le reste de sa fortune est hors d'atteinte et, pour ainsi dire, hors de jeu. Cette part de sa fortune qu'il a engagée dans la commandite est en quelque sorte détachée de l'ensemble, et détachée de sa personne même. Ce n'est plus son individualité tout entière qui est en cause. La personne ici n'est plus engagée et comme prise dans la propriété.

*

* *

M Léon Bourgeois dit souvent que la propriété individuelle est comme le prolongement de la personne humaine. Mais l'individualité humaine est un tout organique, et indivisible. Il est impossible de blesser ou d'enlever un organe sans atteindre et blesser l'organisme tout entier. Et chaque acte de l'individu engage la responsabilité de la personne indivisible.

Or, les possédants s'appliquent de plus en plus à introduire dans leur fortune, dans leur propriété, des divisions, des cloisonnements qui sont comme la négation de l'individualité organique où tout se pénètre et se tient. Quand l'industriel en faillite est obligé de livrer tout son bien, auquel s'ajoutait naguère la personne même, quand dans chacun de ses actes commerciaux est engagée toute sa personnalité, on peut dire, en un sens et sous réserve de la violence faite par le capital aux prolétaires, que la propriété de cet industriel est l'expression et le prolongement de sa personne.

Mais quel sens précis M Léon Bourgeois peut-il donner à cette expression dès que nous entrons dans les actes de société et dans la commandite, puisqu'ici l'effort de l'individu est de couper toute communication entre une partie déterminée de sa fortune et sa personnalité totale ?

Je ne prétends pas, notons-le bien, que par ces combinaisons l'individu s'amoindrisse. En un sens, il se libère, puisqu'il n'est plus engagé tout entier dans une entreprise aléatoire, puisqu'il n'est pas pris tout entier dans une forme compacte de propriété. En répartissant ainsi sa fortune entre des emplois divers et qui ne se commandent pas les uns les autres, l'individu n'est plus asservi à une entreprise déterminée, à une propriété déterminée. Il domine en quelque façon sa propre fortune ; il s'affranchit lui-même de sa propriété, tout en en retenant le bénéfice. C'est un événement bien significatif que, pour s'affranchir, les propriétaires bourgeois eux-mêmes commencent à détacher leur fortune de leur propre individualité. Et si la propriété *individuelle* est celle où l'individu s'engage, tout l'effort du capitalisme moderne et de ses combinaisons est dirigé contre la propriété individuelle.

Fournière a bien vu cela et il l'a supérieurement dit dans son *Essai sur l'individualisme*, livre ingénieux et profond, le plus concentré et le plus savoureux qu'il ait écrit.

Mais c'est dans la société anonyme par actions que s'achève cette révolution intérieure de la propriété individuelle.

PROPRIÉTÉ INDIVIDUELLE ET SOCIÉTÉS ANONYMES

Avec les sociétés anonymes par actions tout lien personnel entre le propriétaire et l'objet de sa propriété disparaît. Ou du moins ce lien devient infiniment lâche. Ce n'est que d'une façon indirecte et lointaine que les actionnaires, propriétaires de l'entreprise, interviennent dans son fonctionnement. Ils nomment, ou du moins ils peuvent nommer les administrateurs qui la dirigent ; mais même s'ils participent, une fois l'an, aux assemblées générales d'actionnaires, quelle distance entre le contrôle périodique et lointain et l'acte permanent de propriété que fait le paysan propriétaire ou l'industriel qui possède et dirige une usine !

En fait, bien souvent, les actionnaires ne connaissent à aucun degré le fonctionnement réel de l'entreprise possédée par eux. Ils ne l'ont jamais vue fonctionner. Ils en ignorent le mécanisme technique et économique. Ils n'en savent ou ils n'en demandent qu'une chose : que rapporte-t-elle ? Quel en est le dividende ? Quelle en est l'allure sur le marché des valeurs ? C'est à travers le papier mort du compte rendu administratif qu'ils l'aperçoivent. Souvent ils sont très éloignés ; ils n'ont jamais vu de leurs yeux l'horizon noirci par la fumée de leurs usines.

La propriété du paysan est un morceau de sa vie : elle a porté son berceau, elle est voisine du cimetière où dorment ses aïeux, où il dormira à son tour ; et du figuier qui ombrage sa porte il aperçoit le cyprès qui abritera son dernier sommeil. Sa propriété est un fragment de la patrie immédiate, de la patrie locale, un raccourci de la grande patrie.

De l'actionnaire à sa propriété inconnue, tous ces liens sont brisés. Il ne sait pas en quel point de la patrie jaillit pour lui la source des dividendes, et souvent c'est de la terre étrangère que cette source jaillit. Que de valeurs étrangères sont mêlées dans le portefeuille capitaliste aux valeurs nationales, sans qu'aucun goût de terroir permette de les discerner.

J'ouvre l'annuaire statistique que l'*Office du travail* vient de publier pour l'année 1900, je regarde les tableaux des valeurs comprises en 1899 dans les donations et successions : les rentes françaises et autres valeurs du trésor français figurent dans les donations pour 41 millions ; les rentes et effets publics des gouvernements étrangers figurent dans les donations pour 11 millions ; les valeurs des sociétés françaises y sont pour 24 millions ; les valeurs étrangères pour 2 millions 400.000 francs. Dans les successions, les rentes françaises et autres valeurs du Trésor français comptent pour 480 millions ; les rentes et effets publics des gouvernements étrangers comptent pour 214 millions. Les actions des sociétés françaises, sociétés de commerce ou d'industrie, figurent, dans les successions de l'année 1899, pour 446 millions. Les actions des sociétés étrangères y figurent pour une somme de 132 millions. Pour les obligations, la proportion des valeurs étrangères est encore plus forte. Les obligations négociables et non négociables des sociétés, départements, communes, établissements publics et établissements d'utilité publique de France figurent dans les successions pour 577 millions. Les obligations des sociétés, villes, provinces et corporations étrangères y figurent pour 229 millions, plus du tiers des valeurs françaises.

Ainsi, il y a dès maintenant un tiers des valeurs disséminées aux mains des actionnaires ou obligataires français, qui fructifient à l'étranger. Je ne m'en indigne aucunement. Je laisse à la démagogie antisémite et nationaliste le soin de dénoncer un mouvement inévitable. Je me félicite même à certains égards de cette expansion du capitalisme, qui aide à la pénétration réciproque des peuples et des races. Je constate seulement combien tout rapport personnel a cessé entre la propriété anonyme et le propriétaire : ils ne sont même plus de la même patrie. Et au demeurant, quand un capitaliste de Toulon a des actions sur les mines du Pas-De-Calais, il y a presque aussi peu de rapports personnels entre le propriétaire et sa propriété que si le capitaliste détenait une valeur étrangère.

C'est même parce que dans l'intérieur même de la nation la propriété a commencé à devenir *étrangère* au propriétaire, qu'entre toutes les valeurs, dites étrangères ou dites nationales, il n'y a plus pour le capitaliste aucune différence. Innovation curieuse et bien significative ! Autrefois, avant l'extension des sociétés de commerce, et notamment des sociétés anonymes, les hommes ne recouraient aux journaux que pour s'informer de ce qui n'était point leur propre vie. Ils n'achetaient point le journal pour savoir quelle était leur fortune et quels seraient leurs revenus. Tout au plus ceux qui avaient des rentes sur l'État — et c'était déjà une première forme de propriété anonyme — achetaient-ils les journaux pour savoir quels contre-coups la marche des affaires publiques aurait sur leur fortune privée. Maintenant, il n'y a guère de possédant bourgeois qui ne soit obligé de lire des journaux spéciaux, des journaux financiers, pour savoir où en est sa propre fortune. *la propriété est devenue si étrangère au possédant que c'est par la voie* du journal que le possédant a des nouvelles de sa propriété.

*

* *

Mais il ne suffit pas au capitalisme d'avoir créé la société anonyme par actions. L'action donne encore droit à celui qui la possède, ou tout au moins à celui qui en possède un certain nombre, de participer aux assemblées générales d'actionnaires qui nomment et contrôlent les gérants responsables de l'entreprise. C'est un reste d'autorité individuelle, d'intervention personnelle. Le capitalisme l'efface, et après avoir créé *l'action*, il crée *l'obligation*.

L'obligataire n'est point, pour sa part, propriétaire de l'entreprise : il en est simplement créancier.

Il a prêté à l'entreprise une certaine somme, pour laquelle on lui sert un intérêt fixe, stipulé d'avance. Si l'entreprise sombrait, il aurait pour gage de sa créance l'actif, c'est-à-dire la valeur même des actions. Ainsi, sa sécurité est plus grande que celle de l'actionnaire. En cas de désastre, l'actionnaire ne touchera rien avant que les obligataires, c'est-à-dire les créanciers, soient remboursés. L'obligataire est encore exposé à bien des hasards ; mais il ne succombera qu'après l'actionnaire. Seulement, il n'a aucune part d'influence : il n'est même pas représenté dans les conseils de l'entreprise ; il est le rentier passif, sans aucun rapport personnel avec la source même de ses revenus. Ici, nous touchons à une forme de propriété si abstraite, si neutre, si indifférente, si détachée de l'individu, qu'il faut se souvenir que l'individu touche en effet un intérêt de l'obligation pour l'appeler encore individuelle.

Or, la part des obligations dans le capital anonyme est considérable, et elle est croissante. Les sociétés anonymes, fondées d'abord par des actionnaires, s'étendent le plus souvent par des emprunts, c'est-à-dire en créant des obligations. Sur les 36 milliards de valeurs des sociétés industrielles et commerciales, plus de la moitié est en obligations. En 1899, la taxe de quatre pour cent a porté sur tout le revenu des valeurs mobilières — la rente d'État exceptée. Le revenu taxé des actions des sociétés était de 727 millions. Le revenu taxé des obligations et emprunts était de 877 millions. Ainsi, la part du capital tout à fait passif, de celui qui ne porte plus en lui la moindre énergie individuelle, est supérieure d'un sixième à ce capital d'*actions*, qui représente lui-même un si faible lien de l'individu à sa propriété.

Enfin, l'individu ne prend même plus la peine de garder le morceau de papier qui représente son droit de propriété sur les mines du Transvaal ou de Sibérie, sur les chemins de fer anglais, ou sur les tissages espagnols. De plus en plus maintenant, c'est aux coffres-forts des maisons de banque et de crédit que sont confiés les titres de propriété, les titres de rentes, les actions, les obligations. C'est la société de crédit qui touche, à l'échéance, les arrérages ou les coupons ; c'est elle qui en fait le remploi ; et tout le mouvement de la propriété individuelle aboutit là : avoir son compte ouvert dans l'immense registre d'une immense société anonyme de crédit.

Non seulement dans les sociétés anonymes le rapport direct du propriétaire à sa propriété n'existe plus, mais tandis que le propriétaire foncier dispose seul de son domaine, et l'usinier seul de son usine, le propriétaire d'une action ou de plusieurs actions ne peut rien tout seul. Individuellement, il ne peut imprimer à l'entreprise telle ou telle direction. C'est la majorité des actions qui décide. C'est l'assemblée générale des actionnaires qui est souveraine, et ici la propriété individuelle, cessant d'être l'instrument de la volonté de l'individu, tombe sous la loi de la majorité. Si l'actionnaire est dans la minorité, sa propriété est dirigée contre sa volonté. La séparation de l'individu et de sa propriété est telle, qu'il est impossible de présumer la volonté de l'individu possédant d'après la marche de sa propriété. Il se peut très bien que la propriété individuelle aille contre l'individu. Et il est au moins étrange d'entendre les radicaux s'élever contre le socialisme, qui sera le régime de la démocratie et de la loi des majorités appliqué à la production, lorsque déjà la propriété capitaliste elle-même, dans son expression suprême qui est la société anonyme, est obligée d'admettre la forme de la démocratie et la loi des majorités.

Chose curieuse, et qui montre bien le prodigieux écart entre la forme immédiate de la propriété individuelle et sa suprême forme anonyme, lorsqu'un individu, lorsqu'un patron possède vraiment une usine, quand il en est personnellement le propriétaire et le chef, *c'est seulement s'il fait faillite* que sa propriété tombe sous la loi de la démocratie. Il se forme, aussitôt après la faillite, une démocratie des créanciers. L'article 507 du code de commerce — je néglige la législation récente sur la liquidation judiciaire, où le même principe s'affirme plus nettement encore — dit ceci :

« Il ne pourra être consenti de traité entre les créanciers délibérants et le débiteur failli qu'après l'accomplissement des formalités ci-dessus prescrites. Ce traité ne s'établira que par le concours d'un nombre de créanciers formant la majorité, et représentant en outre les trois quarts de la totalité des créances, vérifiées et affirmées, ou admises par provision. »

Et l'article 529 stipule :

« S'il n'intervient point de concordat, les créanciers seront de plein droit en état d'union. »

A partir de ce moment, c'est la majorité des créanciers qui décide. L'actif social est placé sous le régime de l'union. Et la majorité des créanciers peut donner aux syndics de la faillite mandat de continuer l'exploitation de l'actif, par exemple d'assurer le fonctionnement de l'usine, la marche de l'industrie. Ainsi, la loi de la majorité, qui dans les sociétés anonymes est la vie normale, n'intervient dans la propriété vraiment personnelle qu'à l'heure du désastre. C'est quand la propriété personnelle sombre que le mode de gestion qui lui est appliqué rappelle, au moins par un trait, le mode de gestion régulier de la propriété anonyme. Quelle distance, quelle opposition entre les diverses formes de la propriété *individuelle !*

Dans la propriété vraiment personnelle, la responsabilité du possédant est engagée à fond. Dans les sociétés anonymes, la responsabilité du possédant est réduite au minimum. L'article 33 du code de commerce dit, à propos des sociétés anonymes :

« Les associés ne sont passibles que de la perte du montant de leur intérêt dans la société. »

l'actionnaire ne répond pas des obligations de l'entreprise sur la totalité de sa fortune ; il n'en répond que sur les actions qu'il possède dans cette entreprise même. C'est une parcelle de propriété qui ne communique plus avec l'ensemble de la propriété individuelle de l'actionnaire. Même si l'actionnaire a commis les fautes les plus graves, même si par sa négligence ou son incapacité il a permis à des administrateurs ineptes ou malhonnêtes de s'emparer de la direction de l'entreprise et de compromettre les intérêts des tiers, l'actionnaire n'est tenu que dans la mesure des actions qu'il possède. Tout le reste de sa fortune, tout le reste de sa personnalité économique est, au regard de l'entreprise, comme s'il n'était pas.

Bien mieux, la responsabilité des administrateurs eux-mêmes, de ceux qui ont reçu et accepté de l'assemblée générale des actionnaires le mandat de conduire l'entreprise, est étroitement limitée.

L'article 32 du code dit :

« Les administrateurs ne sont responsables que du montant qu'ils ont reçu. Ils ne contractent, à raison de leur gestion, aucune obligation personnelle ni solidaire, relativement aux engagements de la société. »

J'admire vraiment ceux qui nous disent que le régime de communisme démocratique et d'universelle coopération appliqué à l'industrie diminuera, au point de les rendre illusoires, les responsabilités, quand l'évolution même de la propriété individuelle la conduit à abolir la responsabilité pleine, décisive des possédants et dirigeants, et à y substituer les responsabilités fragmentaires et atténuées de la société anonyme.

Et dans cette forme suprême de la propriété individuelle, quelle mobilité, quelle faculté presque indéfinie de métamorphose ! Comparez aux difficultés de tout ordre, juridiques et économiques, qui rendent difficile et lente la transmission de la propriété foncière ou de la propriété industrielle personnelle, les dispositions qui facilitent, dans le régime des sociétés anonymes, le mouvement des titres, la transmission et la transformation de la propriété :

L'article 34 dit :

« Le capital de la société anonyme se divise en actions et même en coupons d'actions d'une valeur égale. »

L'article 35 dit :

« L'action peut être établie sous la forme d'un titre au porteur. Dans ce cas, la cession s'opère par la tradition du titre. »

Par la simple remise d'un titre de la main à la main, la translation de la propriété est valablement opérée.

Mais surtout, puisqu'il n'y a aucun lien personnel et direct entre le propriétaire et sa propriété, entre l'actionnaire et son action, que lui importe que sa propriété ait la forme d'une action de chemin de fer ou d'une action de mines, ou d'un titre quelconque dans une industrie quelconque, si seulement il peut en espérer un dividende équivalent ?

*

* *

Ainsi, à tout moment, chaque forme de la propriété anonyme est prête à se muer en toutes les autres formes. C'est cette mobilité presque infinie qui suscite la spéculation. Il suffit d'entrer un instant à la Bourse pour voir comment les titres s'échangent contre des titres et quelles formes variées une même propriété peut revêtir de l'ouverture à la clôture du marché. Comme le vent d'automne mêle en de vastes tourbillons les feuilles arrachées à toutes les essences de la forêt, la spéculation mêle les feuilles d'or arrachées à toutes les variétés du travail humain.

Par cette faculté illimitée d'échange, par cette mobilité infinie, le titre d'une entreprise partculière particulière cesse d'être en effet attaché à cette entreprise particulière : il devient une sorte de délégation quantitativement déterminée, mais qualitativement indéterminée, sur l'ensemble de la richesse sociale. L'actionnaire, quelle que soit la désignation particulière de son titre, est au fond actionnaire d'une entreprise sociale unique et immense, dont les diverses sociétés anonymes ne sont que des sections communiquant les unes avec les autres, dont les diverses entreprises capitalistes ne sont que des formes muables, indéfiniment convertibles les unes dans les autres. Il se crée ainsi, par l'évolution extrême de la propriété individuelle, un domaine capitaliste social, un collectivisme capitaliste qui fonctionne au profit d'une classe, mais qui est l'ébauche bourgeoise du communisme où nous tendons.

De même que l'actionnaire, au lieu d'être prisonnier d'une forme déterminée de propriété, possède virtuellement une part de la propriété sociale, il agit aussi sur l'ensemble social de la production, — ou du moins il dépend souvent de lui d'agir sur cet ensemble. Bien souvent les capitalistes, pour plus de sûreté, pour ne pas engager toute leur fortune dans une seule entreprise, répartissent leurs fonds entre plusieurs sociétés anonymes. Ils ont en portefeuille des actions des chemins de fer, des actions des mines, des actions des aciéries et des tissages. Ils ont par là le droit de participer aux assemblées générales d'un grand nombre d'industries : ils participent donc à la direction de la production dans ses formes diverses et dans presque toute son étendue.

Tandis que dans la propriété vraiment personnelle, l'action du possédant est limitée à une forme de propriété et y est souveraine, dans le système des sociétés anonymes, l'action du possédant s'étend ou peut s'étendre à un champ de production extrêmement vaste, à un très grand nombre d'entreprises ; mais, en chacune d'elles, elle est limitée et enveloppée par le droit des autres actionnaires, des autres possédants. Le mouvement même de la propriété bourgeoise et capitaliste tend donc à universaliser le droit du possédant, mais en lui retirant, à chacun des points de son domaine agrandi, sa force décisive. Sa puissance s'exerce partout, mais elle n'est partout qu'une fraction minime de la puissance totale ; partout associé, nulle part souverain.

Or, si l'on suppose réalisé le communisme démocratique, si l'on se représente l'ensemble des industries comme une coopération universelle, chacun des citoyens, chacun des producteurs sera investi d'un droit sur l'ensemble de la propriété sociale. Mais en quelque point du domaine coopératif qu'il exerce pratiquement ce droit, il ne l'exercera que sous la loi même de la coopération et de la démocratie, qui en faisant de l'accord des volontés la condition de l'action, fonde et limite tout à la fois le droit de chaque volonté individuelle.

Quand donc les radicaux, avec une monotonie déplaisante et abstraite, se donnent comme les gardiens de la *propriété individuelle*, on est en droit de leur demander : acceptez-vous, de la propriété individuelle et capitaliste, le mouvement par lequel elle tend à se dépasser elle-même ? Acceptez-vous la loi d'évolution qui crée, jusque dans la propriété capitaliste, une sorte de communisme oligarchique, et interdisez-vous au prolétariat d'intervenir pour le convertir en un communisme démocratique universel ?

ISBN : 978-3-96787-951-3

www.ingramcontent.com/pod-product-compliance
Lightning Source LLC
LaVergne TN
LVHW101919220826
846093LV00009B/308
9783967879513